Vá a **Lisboa** E ME LEVE COM VOCÊ!

Elza Maria da Costa e Silva Lima

Vá a Lisboa
E ME LEVE COM VOCÊ!

2ª edição

Copyright © 2018 Elza Maria da Costa e Silva Lima

EDITOR
José Mario Pereira

EDITORA ASSISTENTE
Christine Ajuz

REVISÃO
Miguel Barros

PRODUÇÃO
Mariângela Felix

CAPA
Miriam Lerner

FOTOS
Alice Machado, Ana da Costa e Silva,
Dora Lopes, Elza Maria, Luisa Machado

DIAGRAMAÇÃO
Arte das Letras

CIP-BRASIL. CATALOGAÇÃO NA FONTE.
SINDICATO NACIONAL DOS EDITORES DE LIVROS, RJ.

L699v

Lima, Elza Maria da Costa e Silva
    Vá a Lisboa e me leve com você / Elza Maria da Costa e Silva Lima. – 1ª ed. – Rio de Janeiro: Topbooks, 2018.
    170 p.; 23 cm.

    Inclui caderno de fotos
    ISBN 978-85-7475-271-6

    1. Lisboa (Portugal) – Descrições e viagens – Guias. 2. Lisboa (Portugal) – Guias. I. Título.

18-47580   CDD: 914.6942
                   CDU: 913(469)

TODOS OS DIREITOS RESERVADOS POR
Topbooks Editora e Distribuidora de Livros Ltda.
Rua Visconde de Inhaúma, 58 / gr. 203 – Centro
Rio de Janeiro – CEP: 20091-007
Telefax: (21) 2233-8718 e 2283-1039
topbooks@topbooks.com.br/www.topbooks.com.br
Estamos também no Facebook e no Instagram

Para Verinha

Sumário

VÁ A LISBOA E ME LEVE COM VOCÊ	11
Algumas dicas práticas	15
A Praça do Comércio	21
Belém e Alcântara	37
O Castelo de São Jorge	45
Da Senhora do Monte à Madre de Deus	55
O Príncipe Real	61
O Chiado	71
Estrela, Madragoa e Lapa	85
Dos Marqueses de Fronteira à Avenida da Liberdade	91
As Avenidas Novas	99
O Parque das Nações	105
O Tour de Elevadores da Bia	109
A noite lisboeta	*Alice Machado*	111
BATE-VOLTA – OS ARREDORES DE LISBOA	
A Linha de Cascais	119
Sintra, uma cidade romântica	129
Os Palácios da Ajuda e de Queluz	137
As praias	143
OUTROS PASSEIOS DE UM DIA	
Óbidos e Caldas da Rainha	149
Alcobaça, Batalha e Fátima	155
Um passeio pelo Alentejo	161
OBRIGADINHA!	169

Vá a Lisboa e me leve com você

Se você nunca foi a Lisboa, vá. Se já foi há algum tempo, volte.

Lisboa tem um charme mágico, uma luz e um colorido únicos. É uma cidade vibrante, ensolarada, alegre e acolhedora.

Não é à toa que está na moda.

As casas revestidas de azulejos, os elétricos, os miradouros com vistas de tirar o fôlego, o Tejo, o mar, as colinas, as praças, os jardins, as calçadas portuguesas, as ladeiras, as igrejas barrocas, o estilo manuelino, os quiosques, as pontes, o Castelo, a cerca moura, os palácios, os palacetes, as casas coloridas, as janelas floridas...

Os pastéis de nata, os doces d'ovos, o bacalhau, as açordas, o peixe fresco, as torradas de pão saloio, os croquetes, os vinhos, o queijo da Serra, as meloas, os pêssegos, as cerejas...

Os fados...

Por que me levar com você?

Para que eu possa lhe mostrar os meus caminhos preferidos, seguindo os roteiros que comecei a percorrer quando tinha um ano e meio.

Foi exatamente com essa tenra idade que fiz minha primeira viagem a Lisboa.

Cheguei, com meus pais, a bordo de um dos navios da Linea C.

Quatro meses depois nascia meu irmão do meio.

Ainda que dessa época guarde poucas lembranças, tenho dela os registros fotográficos da flamante *Rolleiflex* de meu pai.

Quando completei 15 anos, meus pais passaram um mês em Portugal, para matar as saudades e rever amigos queridos. Mantendo a tradição, me levaram com eles.

Hospedados na Avenida da Liberdade, vimos passar, no dia 25 de abril de 1974, tanques com soldados que acenavam, eufóricos, com cravos vermelhos. Era a famosa Revolução dos Cravos, que marcou o fim do salazarismo e que eu testemunhei da calçada do nosso hotel.

Passeamos por Lisboa e por algumas das cidades vizinhas, no que foi, para mim, uma visita inesquecível.

Só regressei a Lisboa onze anos depois, já casada.

Meus pais estavam de volta à cidade e fui, com meu marido, visitá-los.

Tive sorte, convivi com Lisboa desde pequenina. E fiz meus primeiros *tours* com a melhor guia de Portugal que já conheci: minha mãe.

Verinha dominava todos os cantos de Lisboa. Passear com ela era descobrir coisas novas todos os dias. É curioso como até hoje é lá que a sinto mais próxima.

Voltei, de férias, nos dois anos seguintes. E conheci Portugal pelo olhar de minha mãe, que quis me mostrar tudo aquilo de que mais gostava.

Nessa altura, eu não podia imaginar que um dia iria morar em Portugal, mas foi exatamente o que aconteceu.

Poucos anos depois, chegávamos de mudança.

Com nossos dois filhos pequeninos e, vejam só, mais um bebê a caminho: eu estava grávida de nossa filha caçula, que nasceu na Cruz Vermelha Portuguesa.

Foram três anos deliciosos, durante os quais tratei de render justiça à minha guia predileta.

Aproveitamos cada segundo percorrendo Lisboa e Portugal o mais que pudemos, e foi com imensa tristeza que vimos chegar o fim de nossa temporada.

Mas Lisboa me chama.

Minha mãe tinha acabado de falecer quando a nossa *alfacinha* (termo carinhoso para quem nasce em Lisboa) fez 15 anos.

É engraçado como a história se repete...

Minha cunhada – que é portuguesa – decidiu levá-la para revisitar a cidade onde nascera. E eu fui junto, como não podia deixar de ser. E me senti completamente em casa.

Sete anos se passaram dessa visita. Há exatamente três, uma amiga mexicana me perguntou se eu não queria lhe servir de guia da cidade. Lá fui eu, radiante.

Fiquei assombrada com o que vi.

Lisboa tinha mudado de ritmo, de humor, estava de alma nova!

Mais assombrada ainda fiquei quando voltei a Lisboa um ano depois, já com a intenção de escrever este guia: em um ano a cidade estava diferente.

Cheguei a pensar que seria impossível concatenar *Dicas*. Como escrever sobre uma cidade que se renova constantemente, com uma criatividade de dar inveja?

Quando escrevi as *Dicas de Roma* houve um certo rebolíço entre os nossos amigos portugueses.

Como assim, um guia de Roma e não de Lisboa?

Pois bem, cá estou.

Para falar da Minha Lisboa.

Sobre a Lisboa que me foi apresentada pela minha mãe, a quem dedico estes trajetos e percursos.

Sobre a Lisboa que conheci pelos olhos de tantos amigos queridos, que me acompanharam, incansáveis, em longas peregrinações pela cidade.

Sobre a Lisboa que fui descobrindo no decorrer de todos estes anos e que me abraça cada vez que volto.

Fiz e refiz estes percursos tratando de incluir tudo aquilo que me chama, de alguma forma, a atenção. Essa é a razão pela qual alguns trajetos parecem impossíveis...

Sempre é bom viajar com *Dicas*, e as minhas não têm compromisso com ninguém, só refletem as minhas preferências pessoais. Você poderá escolher as opções que mais lhe agradarem de cada roteiro sugerido.

Para escrever estes roteiros, conversei com todos os portugueses que me deram ouvidos. E devo dizer que fiquei encantada com a receptividade daqueles a quem abordei. Os lisboetas sentem – com razões de sobra – um enorme orgulho da sua cidade, que até em dias nublados tem luz!

A capital se reinventou. Mas manteve a sua graça e encanta a todos com seus velhos e novos ares. Há muito que ver e muito o que saborear.

Algumas dicas práticas

Lisboa, uma das capitais menos caras da Europa, pode ser visitada a qualquer altura do ano. Nunca faz frio demais e, nos meses de verão, o rio Tejo e o mar ajudam a refrescar as caminhadas.

Portugal tem uma excelente tradição de *hotelaria*, e os portugueses sabem receber como ninguém. Há uma infinidade de opções para a sua hospedagem – tanto os hotéis como os apartamentos alugados por temporada são muito bem mantidos e cuidados.

O metro é prático e fácil de usar, e você pode comprar passes de acordo com o número de dias que quiser passar na cidade. Os passes de *transporte* normalmente incluem o comboio (trem), o metro, os autocarros (ônibus) e os elevadores. Podem ser adquiridos nas principais estações do metro. Há passes que podem ser utilizados por 24 horas, passes que podem ser recarregados em cada viagem que se quer fazer e passes válidos por um mês.

Os cartões de transporte ou passes também são muito convenientes para quem optar por ficar na Linha, nome dado ao percurso que leva do Cais do Sodré a Cascais e que inclui Alcântara, Belém, Algés, Caxias, Paço d'Arcos, Oeiras, Carcavelos, Estoril e Monte Estoril. Ficar na Linha, ao pé do mar, longe do burburinho do Centro, mas ao mesmo tempo perto, é uma opção muito agradável.

Além do metro e dos autocarros, é fácil encontrar táxis ou chamar um Uber para ir, rapidamente, de um ponto a outro – especialmente quando suas pernas já estiverem entrando em pane. Lisboa convida a caminhar, mas suas ladeiras e suas calçadas de pedras irregulares e limadas pelo tempo podem levá-lo a pedir uma trégua e a usar sapatos confortáveis, com solas antiderrapantes.

Outra opção são os simpáticos *tuk-tuks* (triciclos motorizados com lugares para passageiros), que podem ser encontrados nos principais pontos turísticos da cidade. Dirigidos por lisboetas jovens, que servem de guias e motoristas ao mesmo tempo, proporcionam passeios divertidos, que variam entre 15 minutos e o tempo que você estiver disposto a pagar. Os *tuk-tuks* oferecem *tours* temáticos de até oito horas. Há *tuk-tuks* de três e de seis lugares, que podem ser contratados para percursos que não se quer fazer a pé.

Há muitas opções de ônibus turísticos, como o *Hop on Hop Off* (o *double-decker* londrino que já foi exportado para tantas outras cidades europeias) ou o *Hippotrip* (um ônibus que vira barco e que faz uma parte de seu percurso turístico dentro do Rio Tejo).

É possível alugar um barco para ver a cidade desde o Tejo. Confira o site www.sailinglovers.pt . Vale especialmente a pena se você estiver em grupo.

Ou, ainda, uma bicicleta. Verifique a *Lisbon Bike Rentals* – www.lisbonbikerentals.com.

Outros meios de locomoção, cada vez mais visíveis pela cidade, são os *scooters*, os *go cars* e os *segways*.

Alugar um carro pode ser conveniente, caso você queira fazer passeios fora da cidade. Porque, ainda que Lisboa conte com bons estacionamentos, estes costumam ser caros e a ideia desses trajetos é a de percorrê-los a pé.

Costumo recomendar os PASSES CORTA-FILAS em todas as cidades que, como é o caso de Lisboa, contam com muitas atrações turísticas, porque facilitam as visitas aos principais museus e monumentos e evitam a perda de tempo em filas por vezes quilométricas. O *Lisboa Card* pode ser adquirido no site da *Ask Me Lisboa* ou num dos pontos dessa loja de turismo. O passe permite fazer uso ilimitado do transporte público, inclusive dos eléctricos (bondes) e dos elevadores históricos, e dá acesso a 25 museus e atrações turísticas e a descontos em outros pontos de interesse. Visite o *site* e verifique se lhe convém. O *Lisboa Card* existe em três opções: para 24, 48 e 72 horas. Dependendo do que pretende visitar e do seu ritmo, pode valer a pena.

Em Lisboa você encontra bons CENTROS COMERCIAIS (*shopping centers*) e um *outlet mall*, o *Freeport*. O Shopping Amoreiras continua sendo o preferido da maioria dos lisboetas, mas há vários outros. A grande loja espanhola de departamentos *El Corte Inglês* é muito popular, concentra várias marcas e tem um ótimo supermercado e uma boa drogaria.

Eu, pessoalmente, prefiro andar pela Baixa e pelo Chiado, ou conferir as vitrines das lojas da Avenida da Liberdade. Em Lisboa, há sucursais de todas as grandes lojas europeias. Proponho, nestas *Dicas*, a visita a lojas portuguesas. Renda-se aos bordados, aos azulejos antigos, às filigranas, à prata portuguesa, aos produtos feitos com cortiça, às andorinhas, às belas peças de louça e cerâmica e ao *design* português.

A GASTRONOMIA portuguesa é maravilhosa. Nunca comi peixe fresco tão bom quanto o português. É só olhar para o mapa de Portugal para entender por quê!

Dizem que em Portugal os peixes vindos do Atlântico se alimentam de algas especiais, geradas por uma corrente proveniente do Golfo que propicia a temperatura ideal para a sua diversidade, e que é por isso que eles têm um sabor único.

O bacalhau, prato maior da cozinha portuguesa, costuma ser acompanhado por vinho tinto. Porque, para os portugueses, bacalhau é bacalhau. E não exatamente "peixe".

Portugal, no quesito gastronomia, é um perigo: fica difícil resistir aos doces, ao pão, aos queijos e aos excelentes vinhos.

Os portugueses têm por hábito arredondar a conta. Foi bem atendido? Gratifique.

Se quiser *abrir portas* durante a sua estada em Lisboa, procure começar as suas frases por: Desculpe lá, Julga que, Não se importa e Já agora. Verá que essas introduções fazem uma enorme diferença.

É fácil usar o *Multibanco* em Portugal. Em Lisboa encontram-se caixas automáticas em quase todas as esquinas. Também é possível comprar *cartões locais de telefone* com Internet – não custam caro e podem lhe facilitar muito a vida.

Este não é um guia dedicado unicamente a viajantes brasileiros. Mas sou brasileira e não posso me furtar a dar algumas orientações que poderão ser úteis aos meus compatriotas – e não só!

Ainda que o português falado no Brasil já tenha sido assimilado por conta das novelas e da enorme comunidade brasileira que atualmente mora em Portugal, há PEQUENAS DIFERENÇAS que é bom ter em conta...

Um garçom pode lhe perguntar se quer água fresca (gelada) ou natural ou ainda se quer água lisa (sem gás).

Se for comprar roupa, tenha em conta que *fato* quer dizer terno, *peúgas* são meias, *camisolas* são camisetas, *cuecas* são calcinhas. Sapatos com *atacadores* são sapatos com cadarços.

Se você pedir *durex* lhe darão uma camisinha (durex é *fita cola*), *adesivo* é esparadrapo, *penso* quer dizer band aid, *penso higiênico* quer dizer absorvente, *esferovite* é isopor, *piparote* é peteleco, *lixívia* é água sanitária, *salazar* é espátula, *autocarro* é ônibus, *eléctrico* é bonde, *imperial* é chope.

Bicha quer dizer fila, *montra* quer dizer vitrine, *cacetes* são bisnagas, *grelos* são couves, e assim por diante.

Temos com os portugueses laços estreitos, de família mesmo, mas qual seria a graça se fôssemos idênticos?

O povo português é fidalgo, palavra que usamos muito pouco no Brasil.

Portugal continua dando mostras de que tamanho não é documento.

Com a sua estratégica localização no mapa da Europa, foi uma grande potência nos séculos XVI e XVII e hoje renasce, depois de uma difícil crise econômica, provando que tudo se pode, se se navega com garra e "se a alma não é pequena".

1
A Praça do Comércio

Baixa |
Terreiro do Paço |
Arco da Rua Augusta |
Museu do Dinheiro |
Praça da Figueira |
Rossio |
MUDE |
Casa dos Bicos |
Avenida da Ribeira das Naus |
Mercado da Ribeira |
Praça São Paulo |
Cais do Sodré |
Rua Rosa |

Se eu fechar os olhos e pensar em Lisboa, uma das primeiras imagens que virá à minha mente será, com certeza, a da Praça do Comércio num dia ensolarado, com o Castelo de São Jorge ao fundo. Foi aqui, na PRAÇA DO COMÉRCIO, também conhecida como TERREIRO DO PAÇO, que o Rei D. Manuel I instalou, em 1511, a segunda residência real. A primeira foi o Castelo de São Jorge ou Paço de Alcáçova.

Situada à beira-rio, a praça é o ponto mais impactante da Baixa de Lisboa. Daqui se percebe bem como a cidade está debruçada sobre as águas do Tejo e não é difícil compreender a sua estreita relação com o mar.

A BAIXA ou Baixa Pombalina foi, durante anos, a convergência das ruas de comércio mais famosas e frequentada da cidade e, também, o seu centro financeiro. Os nomes das suas ruas fazem alusão às atividades profissionais que nelas se desenvolviam: Rua dos Fanqueiros, Rua da Prata, Rua do Ouro, Rua dos Sapateiros.

Hoje, com a chegada a Lisboa dos grandes centros comerciais, a maior parte das lojas voltou-se para o turismo, mas a Baixa continua sendo um dos lugares mais atraentes da cidade. Reconstruída a mando do famoso Marquês de Pombal, logo depois do terrível terremoto que abalou a cidade em 1755, ostenta edifícios imponentes e elegantes, erigidos com um inovador sistema antissísmico (a "gaiola pombalina").

> Sebastião José de Carvalho e Melo, Marquês de Pombal, foi uma das figuras mais marcantes da história portuguesa. Secretário de Estado do Rei D. José I, governou o país com mão de ferro, combinando, em sua gestão, a monarquia absolutista com o racionalismo iluminista em voga na época.

Comece a sua visita de costas para o rio.

Verá, no centro da praça, a obra mais conhecida de Joaquim Machado de Castro, célebre escultor português do século XVIII: a ESTÁTUA EQUESTRE DO REI D. JOSÉ I. D. José I só se salvou do terremoto porque, no dia em que Lisboa tremeu, estava passeando com a família real no bairro de Belém. Foi ele quem encomendou ao Marquês de Pombal a reconstrução da praça e de seus arredores.

Os reis de Portugal residiram neste TERREIRO DO PAÇO durante quase dois séculos – até o famoso terremoto de 1755, quando o seu palácio, o *Paço da Ribeira*, ruiu. A praça, parte essencial do projeto de reconstrução de Lisboa arquitetado pelo Marquês de Pombal, hoje abriga alguns órgãos governamentais, lojas, restaurantes e estabelecimentos turísticos. É famosa pelos seus *réveillons* animados, com direito a fogos de artifício.

> Assustado com o terremoto, D. José I transferiu a residência real para uma grande tenda no Alto da Ajuda, que recebeu o nome de Real Barraca. Anos depois, esse palácio-barraca foi destruído por um incêndio, surgindo em seu lugar o Paço Real de Nossa Senhora da Ajuda, hoje Palácio Nacional da Ajuda.
> O Palácio Nacional da Ajuda, última residência oficial da família real portuguesa, pode ser visitado. Veja o roteiro 14.

A estátua de D. José I está emoldurada pelo ARCO DA RUA AUGUSTA, restaurado recentemente e aberto à visitação. Não deixe de subir até o miradouro deste arco triunfal: a vista é imperdível, e você poderá ver de perto as esculturas concebidas por Célestin Anatole Calmels e Vitor Bastos.

Se você olhar, agora, para o rio Tejo, encontrará as colunas que dão nome ao cais da praça: CAIS DAS COLUNAS.

Aqui desembarcaram, durante anos, com toda a pompa e circunstância, chefes de Estado e outros dignitários. O Terreiro do Paço, com sua abertura para as águas do Tejo, se encarregava de abraçar os recém-chegados e de dar-lhes as boas-vindas.

É incrível pensar que esse imponente espaço, uma das maiores praças da Europa, foi cedido, durante anos, para um estacionamento. Não só é um dos lugares mais bonitos da cidade como dos mais agradáveis. Há vários bares e cafés à volta, entre os quais um dos mais antigos restaurantes da cidade, o *Martinho da Arcada*, inaugurado em 1782. Se quiser fazer uma pausa, pare num dos cafés, para apreciar o movimento, antes de enveredar pelas ruas da Baixa.

> Se pedir um café, tenha em conta que pode ser uma bica (espresso), uma bica cheia (café longo), uma bica italiana (café curto), um garoto (café com leite) claro ou escuro, um pingado (café com um pingo de leite), um pingo (leite com um pingo de café), uma meia de leite (café com leite em chávena ou xícara), um galão (café com leite servido em copo), um abatanado (café duplo com água), um sem princípio (café espresso em que o início não é aproveitado), uma bica em chávena escaldada (a xícara tem que estar pelando)… Se não for fã de café, você também poderá optar por um carioca de limão (água quente com limão, uma delícia!).

- ✓ O *Lisboa Story Centre*, que tem como proposta mostrar a história da cidade, oferece uma "viagem no tempo" de 60 minutos. Gosto do folheto, que diz: "Venha sentir Lisboa a tremer e veja como um terramoto reconstrói uma cidade".
- ✓ Se estiver celebrando uma data romântica, saiba que há uma lojinha que vende flores, debaixo de uma das arcadas da praça.
- ✓ A *Lisbon Shop*, que fica na Rua do Arsenal, oferece todo o tipo de lembrancinhas: cartazes, camisetas, canecas, chás, livros, bijuterias, chaveiros, canetas, ímãs, sabonetes, azeite…
- ✓ Uma das agências oficiais do Turismo de Lisboa (*Ask Me Lisboa*) fica ao lado. Faz parte do mesmo complexo. É lá que você pode parar para pedir apoio, informações, folhetos, mapas ou para comprar o *Lisbon Card*.
- ✓ No Terminal Fluvial do Terreiro do Paço, pode-se pegar um *ferry* e ir até Barreiro, para ver Lisboa do outro lado do rio.

Depois da sua pausa, fique de frente para o Arco da Rua Augusta, dando as costas para o Tejo. E siga à esquerda, pela Rua do Arsenal, até a Praça do Município, onde encontrará, no quarteirão do Banco de Portugal, o recém-inaugurado MUSEU DO DINHEIRO.

O Museu do Dinheiro ocupa a antiga Igreja de São Julião, onde – pasme! – também já funcionou um estacionamento. A entrada é gratuita. Muito bem montado, o museu mostra, de forma interativa, a história do dinheiro em Portugal e no mundo e abriga os restos da *Muralha de D. Dinis*, que ficaram soterrados durante 250 anos.

Só o imponente saguão de entrada já vale a visita. Se estiver viajando com crianças, trata-se de um programa *a* não perder. As bolsas e mochilas ficam na entrada, em simpáticas caixas-fortes.

Ao sair do Museu do Dinheiro, verá, na PRAÇA DO MUNICÍPIO, um dos muitos quiosques que foram recuperados recentemente e que conferem um toque todo especial a Lisboa. Se o clima permitir, o quiosque é perfeito para uma pausa.

Para continuar o seu itinerário, volte pela Rua do Comércio em direção à Praça do Comércio e dobre à esquerda na RUA ÁUREA ou Rua do Ouro.

✓ A Rua Áurea, como o nome indica, é a rua das joias, das filigranas e das casas de penhores que mostram em suas vitrines belas peças antigas. Gosto da *Sarmento*, no número 251, do lado do Elevador do Carmo, que há 147 anos está nas mãos da mesma família. Na Rua do Crucifixo, paralela à Rua Áurea, ficam outras joalherias, como a *Joalheria Espadim*, que vende joias antigas e usadas e artigos em prata.

✓ Se for fã de comida italiana, experimente o *Bella Ciao*, na Rua do Crucifixo, 21. O *chef* é italiano, de Pescara.

Passeie pela Rua Áurea até chegar ao ELEVADOR DE SANTA JUSTA, também conhecido como Elevador do Carmo (dá para as ruínas da Igreja do Convento do Carmo). Se quiser, suba: a vista do alto é maravilhosa. Lisboa tem uma localização única e é conhecida pelos seus fantásticos miradouros.

> Aos 115 anos, o Elevador de Santa Justa, ou Elevador do Carmo, está passando por uma série de obras de renovação, incluindo a substituição dos motores.

Resista bravamente (ou não?!) à enorme tentação de ficar lá em cima, ainda que veja, do alto, as simpáticas esplanadas com barzinhos e cafés, especialmente convidativas nos meses de calor, e volte para a Rua Áurea, a fim de continuar a sua caminhada pela Baixa.

Você está a dois passos da PRAÇA DO ROSSIO, também chamada Praça D. Pedro IV ou simplesmente Rossio. Não perca a estátua de D. Pedro IV, Pedro I no Brasil.

É nessa praça que ficam o Teatro Nacional Dona Maria II, obra de arquitetos pombalinos, e a exuberante Estação do Rossio – de onde poderá pegar um comboio (trem) até Sintra.

✓ Encontrará, na Praça D. Pedro IV, as tradicionais *Chapelarias Azevedo Rua Ltda*, fundadas em 1886. Jorge Amado e Fernando Pessoa eram clientes fiéis.

Que tal uma meia torrada aparada?

O simpático pedido pode ser feito na *Confeitaria Nacional*, na PRAÇA DA FIGUEIRA, ou na *Pastelaria Suíça*, que dá para as duas praças, a do Rossio e a da Figueira. Estas são duas das melhores confeitarias da cidade. E, estando em Lisboa, as confeitarias são de lei absoluta.

Um pingo de tocha? Um pastel de nata, talvez?

Portugal mantém a civilizadíssima tradição do café com "bolos", nome dado aos doces que fazem as delícias de todos. Queques, travesseiros, guardanapos, bolos de arroz, queijadas, pães de ló, bolas de Berlim... Os lisboetas gostam de fazer uma pausa a meio da manhã e outra, se houver tempo, à tarde – o incontornável lanche! A quantidade de guloseimas nas montras dos cafés e das confeitarias muda radicalmente antes e depois.

Visite, agora, a intrigante IGREJA DE S. DOMINGOS, que se encontra a pouca distância. A igreja sofreu um violento incêndio em 1959, perdendo toda a sua decoração interior. Guarda as paredes queimadas pelo incêndio, e reza a lenda que as paredes choram, já que foi aqui que teve início, em 1506, o *Massacre de Lisboa*, quando foram assassinados, de forma muito violenta, milhares de judeus.

No número 7 da Praça da Figueira existe um hospital diferente de todos os outros: trata-se do HOSPITAL DE BONECAS mais antigo da Europa. Funciona desde 1830 e esteve sempre nas mãos da mesma família, que mantém a tradição de consertar e restaurar bonecas e bonecos de todo o tipo e feitio. Além de conhecer o hospital, você poderá ver a mostra de bonecas e bonecos colecionada desde que D. Carlota começou a atender "pacientes" das crianças lisboetas. A pequena loja do andar de baixo vende bonecas, roupinhas, fantasias de carnaval, peças para casas de boneca e miniaturas. O hospital não só restaura bonecas como também bichos de pelúcia, porcelanas e arte sacra. Fascinante e surpreendente.

✓ Se gostar de armarinhos/retrosarias, considere uma visita à loja *Botilã*, no número 18 da Praça da Figueira. O balcão pode ser pequeno e estreito, mas, se você pedir os catálogos, encontrará uma escolha sem fim de botões, arremates, fivelas e fios.

✓ Ao pé da Igreja de S. Domingos encontra-se a Rua D. Antão de Almada. Nela, você encontrará a *Manteigaria Silva*, que embala queijos para viagem, a *Barbearia Almada Oliveira*, uma barbearia à antiga, aberta em 1942 e instalada em prédio ameaçado de despejo, e a *Loja do Hortelão Soares de Rebelo, Lda*, especializada em sementes.

A Rua das Portas de Santo Antão abriga alguns dos teatros mais tradicionais de Lisboa, como o Politeama e o Coliseu, e alguns restaurantes clássicos.

✓ Se for ao *Solar dos Presuntos* peça as pataniscas de bacalhau com arroz malandrinho.

✓ No *Gambrinus*, eu gosto de me sentar à barra para comer croquetes e amêndoas. Acompanhe o pedido com uma imperial – o chope local, que aqui vem servido em *flute* – ou com um bom copo de vinho. Se lhe oferecerem uma torradinha, aceite, é uma delícia! O *Gambrinus* é um dos poucos lugares de Lisboa que servem "café de balão" (o *slow-coffee* preparado numa máquina de café de vácuo ou de sifão).

No número 58 da Rua das Portas de Santo Antão, verá uma portinha estreita. Não se deixe enganar pelas aparências e entre para conhecer a CASA DO ALENTEJO. O pátio de decoração mourisca desse palacete do século XVII merece uma visita, mas o andar de cima, com direito a decoração *Belle Époque* esfuziante, é imperdível. Os dois salões principais têm um palco *double-face* e há duas salas decoradas com azulejos, onde funciona um restaurante de cozinha tradicional alentejana.

Na Rua das Portas de Santo Antão, 7, experimente uma "ginjinha sem rival". A ginjinha é um licor de cereja ácida – ginja ou amarena. O licor é servido com elas (as cerejas) ou sem elas... Peça com elas!

✓ No número 32 da mesma rua, há uma loja que reproduz todo o tipo de ferragens, a *Guedes*. Cópias de maçanetas, puxadores, fechaduras, etc.

Para continuar este primeiro itinerário, volte na direção do Tejo, desta vez pela RUA AUGUSTA, uma das ruas mais imponentes da Baixa.

Ao se aproximar do Arco da Rua Augusta, verá, à esquerda, o MUDE, Museu do Design e da Moda. Instalado no prédio do antigo BNU (Banco Nacional Ultramarino), este museu tem sempre boas exposições de móveis, objetos e roupas.

Já agora, eis algumas dicas de restaurantes e lojas da Baixa de que gosto particularmente:

✓ Prove, na *Casa Portuguesa do Pastel de Bacalhau* (Rua Augusta, 106), o muito falado pastel de bacalhau (bolinho de bacalhau) recheado com queijo da Serra. Assim você poderá dar a sua opinião sobre a estranha mistura, que uns adoram e outros nem tanto.

✓ Confira a *Chapelaria d'Aquino*, na Rua do Comércio, 16, especializada em chapéus e luvas.

✓ Na Rua da Prata, 274, fica a *Chi-Coração*, que vende artigos 100% de lã, com produção 100% portuguesa.

✓ A Rua da Conceição, rua das retrosarias, é uma de minhas preferidas. Não só pelos incríveis armarinhos mas também por outras lojas, entre as quais a *Papabubble*, que há oito anos vende rebuçados (balas) artesanais feitos à moda antiga pelo casal de donos portugueses.

✓ Na esquina da Rua da Conceição com a Rua da Prata verá a bela vitrine da *Fábrica das Enguias*. Eu não aprecio enguias, sejam elas em escabeche ou não, mas a loja é irresistível.

✓ Apesar de a rua assustar um pouco pela profusão de restaurantes, que anunciam seus pratos aos passantes em cartazes com fotos coloridas, é possível comer bem na Rua dos Correeiros. Vá ao *Moma Grill*, que serve bons pratos e sobremesas por preços honestos. Com o bônus de ficar em frente de um dos núcleos arqueológicos da Baixa, onde você poderá visitar ruínas da Lisboa antiga.

✓ Na Rua dos Fanqueiros, 276, encontra-se uma das filiais da loja *Pollux*, especializada em artigos para casa. A loja tem sete andares e acaba de inaugurar, em seu último piso, um restaurante com terraço panorâmico.

✓ Outra loja para coisas de casa é a *Braz e Braz*, que abriu um novo espaço na Rua do Poço do Borratem, junto à Praça da Figueira.

✓ A *Discoteca Lisboa* é especializada em fados. Está situada à Rua dos Fanqueiros, do lado do Elevador Público que leva da Baixa ao Castelo de São Jorge.

✓ A *Garrafeira Nacional* entrega as suas bebidas, perfeitamente embaladas para viagem, onde você quiser. Há uma filial na Rua de Santa Justa, 18, outra na Rua Conceição, 20/26, e outra, ainda, no Mercado da Ribeira.

✓ Você já esteve numa loja especializada em azeites? Visite a *Olistori, na* Rua da Madalena, 137.

Uma de minhas fachadas prediletas está na Rua da Alfândega. É a fachada da IGREJA DE NOSSA SENHORA DA CONCEIÇÃO VELHA. Antes Igreja de Nossa Senhora da Misericórdia, foi construída na época de D. Manuel I para ser a sede da Santa Casa da Misericórdia de Lisboa. Destruída pelo terremoto de 1755, teve sua fachada, de estilo predominantemente manuelino, reconstruída a partir de elementos de diversas igrejas da mesma época.

> ○ manuelino, uma interpretação essencialmente portuguesa do estilo gótico, surgiu no século XVI, durante o reinado de D. Manuel I. Leva a marca dos Descobrimentos, que trouxeram várias inovações "exóticas" ao gosto português.
> A Santa Casa da Misericórdia estará presente durante toda a sua visita a Lisboa – e a Portugal. Criada em 1498 pela Rainha D. Leonor, viúva de D. João II, a Santa Casa da Misericórdia de Lisboa é considerada por muitos como a primeira ONG do Mundo. Detém o direito e o controle sobre os jogos de azar em Portugal desde 1783, quando foi criada a Lotaria de Lisboa, e é proprietária de muitos dos imóveis pelos quais você irá passar.

A RUA DOS BACALHOEIROS (continuação da Rua do Comércio) abriga inúmeros cafés e restaurantes, como o *Maria Catita*, que oferece especialidades dos Açores. A fachada da loja *Silva e Feijó* é uma verdadeira joia. Na *Conserveira de Lisboa* você encontra conservas de todos os peixes imagináveis.

É por esta rua que se chega à inconfundível CASA DOS BICOS, que hoje sedia a FUNDAÇÃO JOSÉ SARAMAGO, dedicada ao famoso escritor português e, no andar da entrada, o NÚCLEO ARQUEOLÓGICO DA CASA DOS BICOS.

A CASA DOS BICOS, construída entre 1521 e 1523, é chamada assim por ter a sua fachada decorada por "pontas de diamante", mais conhecidas como "bicos". O Núcleo Arqueológico é muito interessante e a visita é gratuita. Estão expostos, de maneira esplêndida, os vestígios de uma unidade fabril dedicada aos produtos de pesca da antiga cidade romana de *Olisipo*, assim como uma parte da muralha romana – que foi integrada, neste local, à muralha medieval.

> *Olisipo*, designada por Augusto como *Felicitas Iulia Olisipo*, era o nome romano de Lisboa. Foi a capital marítima da chamada Lusitânia romana – devido à sua riqueza, sobretudo piscícola, e à sua posição geográfica privilegiada. Os *lusitanos* foram precursores dos romanos: tiveram origem na Idade do Ferro. Habitavam a região oeste da Península Ibérica. Pode-se encontrar vestígios de *Felicitas Iulia Olisipo* em outros locais de Lisboa: o Teatro Romano (Rua de S. Mamede, 3A), a Sé de Lisboa, o tanque da salga de peixe da Rua dos Fanqueiros, 72-76, o Núcleo Arqueológico da Rua dos Correeiros e o Castelo de S. Jorge.

✓ Você estará no Campo das Cebolas, onde fica a simpática *Taberna Moderna*, uma ótima pedida. Se quiser jantar na Taberna, sugiro fazer reserva. Rua dos Bacalhoeiros, 18.

Volte à Praça do Comércio e siga, agora beirando o Tejo, pela recém-renovada AVENIDA DA RIBEIRA DAS NAUS (onde ficava o Arsenal da Marinha), em direção ao Cais do Sodré. Encontrará, perto do cais, várias opções de restaurantes e o badalado MERCADO DA RIBEIRA.

O MERCADO DA RIBEIRA, também conhecido como TIME OUT MERCADO DA RIBEIRA, foi recriado pela empresa da revista *Time Out* e reaberto em 2014. Além do antigo mercado, que ainda funciona na parte da manhã, dispõe de 500 lugares para sentar em sua área coberta. Ao redor são servidos, ou estão à venda, quitutes de todo tipo. Alguns dos melhores restaurantes da cidade estão lá, marcando presença.

Pratos típicos portugueses, peixe, doces, gelados (sorvetes), queijos, vinhos… De tudo um pouco, para agradar a todos os paladares.

É quase impossível escolher.

✓ Gosto especialmente dos croquetes da *Croqueteria*. Os salgados portugueses são maravilhosos. Muitos dos salgadinhos "brasileiros" tiveram a sua origem em Portugal.

✓ Uma das especialidades lisboetas é o *Bacalhau à Brás*, um dos meus pratos prediletos. Prove esse bacalhau, feito com batata palha e ovos mexidos, no stand do chef Henrique Sá Pessoa ou no da chef Felicidade.

✓ Mudou-se, recentemente, para o segundo andar do mercado o restaurante *Pap'Açorda*, que antes ficava no Bairro Alto. Caso você não queira enfrentar as filas do mercado, batalhar por uma mesa, ou dividir mesa com quem não conhece, pode ser uma boa opção. Não deixe de comer a mousse de chocolate, um clássico da casa.

A poucos passos do Mercado da Ribeira encontra-se a PRAÇA SÃO PAULO, um dos novos pontos de encontro da noite lisboeta. Tanto a praça como a igreja que lhe empresta o nome foram construídas depois do terremoto de 1755, seguindo os padrões arquitetônicos do Marquês de Pombal.

Entre na IGREJA DE SÃO PAULO para admirar o seu teto pintado e para ver os estucos da capela-mor, obra do maior estucador do barroco em Lisboa, Giovanni Grossi (século XVIII).

✓ A melhor sorveteria de Lisboa, na minha opinião de italiana adotiva, começou a sua história de sedução na Praça São Paulo – 1: *Gelato Davvero*. Os sorvetes são simplesmente maravilhosos! Abacate, lavanda, limão siciliano com menta, chá verde. Os sabores mudam de acordo com a época do ano e são sempre surpreendentes.

✓ Na Rua São Paulo, 29, fica o restaurante *Casa de Pasto*, de ambiente alternativo e descontraído. Entre nem que seja para dar uma olhada, os garçons já estão habituados às visitas e podem até sugerir que você não deixe de visitar a *casa de banho*!

O CAIS DO SODRÉ, que recebeu o nome de uma família do século XV, acaba de ser todo renovado. Inclui a praça que fica bem em frente ao cais, o terminal fluvial dos barcos que fazem a travessia para o outro lado do rio e uma estação de trem e de metro. Com suas cadeiras duplas e modernas viradas para o rio Tejo, é um ótimo lugar para esticar as pernas. O *ferry* que vai até Cacilhas é uma boa opção para quem quer ver a paisagem de Lisboa ao longe. O passeio vale especialmente a pena em dia de sol. Você também pode atravessar o rio para ir até as cidades de Seixal ou Montijo.

✓ Gosto do *Ibo*, um restaurante especializado em frutos do mar e em pratos de Moçambique. É sempre muito agradável comer admirando as águas do Tejo!

✓ No Cais do Sodré fica uma das sucursais da *Padaria Portuguesa*. Essa rede de padarias serve ótimas *sandes* (sanduíches) em pães de vários tipos, bolos, doces e salgados. É uma opção simpática e econômica.

Se atravessar o rio até Cacilhas, poderá visitar a Fragata D. Fernando II e Glória, construída em Goa e lançada ao mar em 1843. A fragata faz parte do CCM, Centro do Conhecimento do Mar, ao qual também pertencem o Aquário Vasco da Gama, o Museu da Marinha e o Planetário Calouste Gulbenkian.

Se gostar de movimento e de vida noturna, você estará no lugar certo: bem ao lado da Rua Nova do Carvalho, mais conhecida como RUA ROSA. Antes uma rua dedicada a casas noturnas de luz vermelha, voltadas aos marinheiros que ancoravam no cais, a Rua Rosa é, hoje, parte absolutamente obrigatória da noite lisboeta.

✓ É aqui que fica a *Povo*, uma das boas casas de fados da cidade, onde se pode comer petiscos e ouvir os fadistas residentes.

✓ E a incontornável *Pensão Amor*, uma casa de baixo meretrício transformada em bar da moda que mantém, com muita graça, o espírito original do lugar – com direito a *drinks, pole dancing, sex shop* e a frequentadores animados e ecléticos.

✓ A Pizzeria *La Puttana* foi batizada em homenagem à história da rua – e às suas maiores frequentadoras antes de que esta "zona" de Lisboa virasse *point*.

Ainda que essa parte do programa possa ser desbravada outro dia, pode-se subir, a partir da Rua Rosa, a RUA DAS FLORES, outro *must* da noite lisboeta.

✓ São boas pedidas, na Rua das Flores, o concorrido *ByTheWine* (n.41) e a *Landeau*, que serve o melhor bolo de chocolate de Lisboa. A *Landeau* fecha cedo.

2
Belém e Alcântara

Mosteiro dos Jerónimos |
Centro Cultural de Belém |
Museu Coleção Berardo |
Museu dos Coches |
MAAT |
Padrão dos Descobrimentos |
Torre de Belém |
Museu do Oriente |
LX Factory |

Que tal começar o dia com pastéis de Belém quentinhos, polvilhados com canela e açúcar de confeiteiro, como manda o figurino?

Os pastéis de nata da *Real Fábrica dos Pastéis de Belém* podem não ser considerados os melhores de Lisboa pelos locais, mas são, sem dúvida alguma, os mais famosos...

Vale a pena conhecer a Fábrica e provar a receita secreta criada em 1837, no vizinho Mosteiro dos Jerónimos, que você irá visitar logo depois. As enormes filas de turistas que, como você, querem tirar a teima, garantem as constantes fornadas. Poucas coisas podem ser tão apetitosas quanto um pastel de Belém recém-saído do forno! Antes mandava a tradição que os pastéis de nata fossem acompanhados por vinho verde. Os tempos mudaram, e hoje os pastéis são consumidos com café.

Depois de provar os pastéis de Belém, faça fila no MOSTEIRO DOS JERÓNIMOS e compre um bilhete combinado. Há bilhetes que incluem o Mosteiro e a Torre de Belém, e bilhetes que incluem outros monumentos, como o Museu dos Coches, o Museu de Arte Popular e os Museus Nacionais de Arqueologia e Etnologia.

A Torre de Belém e o Mosteiro dos Jerónimos, expoentes máximos do estilo manuelino em Lisboa, são absolutamente imperdíveis. Vale muito a pena visitar, também, o Museu dos Coches. O bilhete combinado é mais econômico e serve para você não ter de enfrentar filas em todos os monumentos.

Você pode chegar a Belém de elétrico, fazendo um passeio lindíssimo com o elétrico 15 E, que sai da Praça da Figueira ou do Cais do Sodré.

O magnífico MOSTEIRO DOS JERÓNIMOS, uma das principais atrações turísticas de Portugal, foi encomendado em 1502 pelo Rei D. Manuel I, em homenagem a Vasco da Gama. O túmulo desse navegador e descobridor se encontra na Igreja do Mosteiro, assim como os túmulos de vários reis portugueses e também o de Luís de Camões, poeta máximo da língua portuguesa.

Há quem questione se os ossos de Vasco da Gama e Luís de Camões foram realmente trasladados para o Mosteiro em 1880.

O Mosteiro, Patrimônio da Humanidade, é de tirar o fôlego. Talvez seja o monumento que mais me emocione e que mais me tenha marcado. A harmonia, luminosidade e riqueza decorativa dos dois andares de seu claustro, obra-prima do manuelino, são incomparáveis. Não deixe de subir as escadas para ver a igreja de cima.

> O MUSEU DA MARINHA e o PLANETÁRIO CALOUSTE GULBENKIAN, ambos excelentes programas para quem tem crianças, fazem parte do mesmo complexo arquitetônico do Mosteiro dos Jerónimos.

Do lado dos Jerónimos – como também é conhecido o Mosteiro – você verá um edifício moderno. Trata-se do CCB, Centro Cultural de Belém.

O CCB é um dos maiores espaços culturais de Lisboa e oferece boa programação de espetáculos. Confira. Na bilheteria pode-se comprar entradas não só para os espetáculos que são levados em suas salas, como ainda para todas as atrações em cartaz na cidade.

Dentro do CCB funciona o MUSEU COLEÇÃO BERARDO, que abriga a coleção de Arte Moderna e Contemporânea da Fundação Berardo. Trata-se de um acervo privado, pertencente a José Manuel Rodrigues Berardo, exposto neste espaço como parte de um acordo entre o colecionador e o governo português.

A entrada é gratuita. Vale a pena.

✓ No espaço do CCB funcionam várias lojas, cafés e restaurantes. Gosto da pequena sucursal da *Livraria Bertrand* e da loja de joias da designer portuguesa Margarida Pimentel, que cria colares, anéis e brincos muito originais, em prata e ouro. A loja "Portugal Essential" vende CDs de bons fadistas e outros *souvenirs* da cidade.

Caminhe, agora, na direção oposta ao CCB, para visitar o MUSEU DOS COCHES.

O Museu funciona desde 1905. Iniciativa da Rainha D. Amélia de Orleans e Bragança, foi o primeiro museu de carruagens do mundo.

Sua espetacular coleção encontra-se, desde 2015, em dois prédios: o antigo – e meu preferido – que ocupou o espaço do antigo Picadeiro Real de 1726, e o novo, obra do arquiteto brasileiro Paulo Mendes da Rocha, inaugurado em 2015.

Os coches são magníficos. Trata-se de programa obrigatório se estiver viajando com crianças.

✓ Embaixo do museu funciona uma filial da famosa sorveteria *Santini*, a mais amada pelos portugueses e a mais tradicional. Ótimos sorvetes. A Santini, que existe desde 1949, começou em Cascais e tem uma sucursal no Chiado e em outros locais de Lisboa.

✓ Em frente, no lugar antes ocupado pela confeitaria Chique de Belém, abriu uma nova sucursal da famosa confeitaria *Versailles*. Há duas entradas diferentes para a Versailles, na Rua da Junqueira e na Calçada da Ajuda: uma dá para a confeitaria e outra para o restaurante.

Visto o Museu dos Coches, atravesse a linha do comboio pela passadeira que fica perto do museu e vire à esquerda para visitar o MUSEU DA ELETRICIDADE, que ocupa o edifício da Central Tejo. O museu foi aberto em 2006, e os equipamentos da antiga central termoelétrica, pioneira na produção de eletricidade, são as estrelas principais da visita.

Logo a seguir, verá o novíssimo MAAT, Museu de Arte, Arquitetura e Tecnologia, desenhado pelo atelier de arquitetura Amanda Levete Architects e inaugurado em 2016.

Os dois museus são administrados pela empresa EDP (Energias de Portugal).

Mesmo que não queira visitar o MAAT, suba no "lombo" do espetacular edifício para admirar a vista do rio. A sensação que se tem, lá de cima, é a de estar nas costas de um dragão gigante de pele de pedra branca.

Como você irá visitar dois dos mais importantes monumentos da época dos Descobrimentos, a Torre de Belém e o Mosteiro dos Jerónimos, aproveite para conhecer também o PADRÃO DOS DESCOBRIMENTOS, que fica do mesmo lado do MAAT, caminhando na direção do Mosteiro dos Jerónimos.

Esse monumento em forma de caravela foi erigido à beira do Tejo em 1960 pelo regime salazarista, justamente para celebrar todos os principais navegantes e descobridores. Trata-se de uma réplica, em concreto, do monumento erguido em 1940, por ocasião da Exposição do Mundo Português. Pode-se subir ao seu miradouro para apreciar, de cima, a enorme rosa dos ventos de sua calçada e ver, de frente e de uma boa altura, o Mosteiro dos Jerónimos.

> Ao lado do Padrão dos Descobrimentos, verá um edifício do mesmo estilo, o MUSEU DE ARTE POPULAR, cuja coleção foi transferida, em 2006, para o Museu Nacional de Etnologia. O MAP foi criado, assim como o Padrão, para a Exposição do Mundo Português de 1940. Era o pavilhão da "Secção da Vida Popular". Recomendo ver os murais do interior, realizados por artistas conceituados. O museu mantém exposições temporárias.

Um pouco mais adiante, verá a TORRE DE BELÉM. Ou Torre de S. Vicente, como é também conhecida, em homenagem ao santo protetor de Lisboa.

A torre, construída a mando do Rei D. Manuel I, entre 1514 e 1520, na época dos Descobrimentos, é de uma beleza absoluta. Portugal era uma potência global e precisava defender a barra do Tejo do ataque de possíveis embarcações inimigas.

No início rodeada pelas águas do rio, com o passar do tempo, e os subsequentes aterros, foi-se aproximando da terra firme e mudando de função. Serviu como registro alfandegário, farol e masmorra.

Observe, na outra margem do Tejo, os restos de outra torre, mandada construir por D. João II para fazer par com a de Belém e ajudar a impedir a entrada de naves indesejáveis.

A Torre de Belém é decorada com motivos de cordas e nós, que nos remetem a navios, e com escudos, santos, anjos – pode-se até encontrar um rinoceronte... Dois dos arquitetos que se encarregaram da sua construção, Diogo Boitaca e seu colaborador João de Castilho, também trabalharam no projeto do Mosteiro dos Jerónimos.

✓ Para almoçar em Belém há boas opções: a minha preferida, com vista para o rio, é o *Darwin*, o café-restaurante da Fundação Champalimaud. Vai-se ao Darwin caminhando pela beira do rio. Fica logo depois da Torre de Belém. Em dia de sol, sente-se na esplanada e peça um vinho rosé!

✓ Outra boa opção é o *Descobre*, na Rua Bartolomeu Dias (a rua que passa pela frente do Mosteiro, costeando a lateral direita do CCB). Experimente o arroz cremoso de tomate e o gelado de tangerina.

✓ Se gostar de peixe e de mariscos, há ainda o *Nunes*, muito conhecido em Belém, na mesma rua do *Descobre*, no nº 112.

✓ Para uma pausa em beleza, vá até o hotel Altis Belém. O hotel possui um bar com vista para o rio, onde se pode pedir uma salada ou um sanduíche e tomar um copo de vinho, uma imperial ou uma Água das Pedras. Nos meses de calor, sentar nas mesinhas de fora ouvindo música é um luxo só.

Você pode pegar um barco em Belém para atravessar o Tejo e ver a vista da Barra de Lisboa. Lisboa vista do rio é um espetáculo à parte. Procure o TERMINAL FLUVIAL DE BELÉM.

Belém não fica muito longe de ALCÂNTARA. Pode-se ir a pé, mas trata-se de um estirão... Se quiser conhecer as atrações de Alcântara, sugiro pegar o comboio ou um táxi.

Alcântara também pode ficar para outro dia, se você dispuser de muitos dias para conhecer a cidade.

Passada a Ponte 25 de abril, estará à sua espera o MUSEU DO ORIENTE. O museu, inaugurado em 2008, é parte da Fundação Oriente e ocupa o Edifício Pedro Álvares Cabral, onde funcionou um armazém de bacalhau.

Extraordinariamente bem exposta, a coleção do museu é de muita qualidade.

Há uma simpática lojinha, uma cafeteria e um restaurante panorâmico. Pode-se comprar um bilhete combinado que dá direito ao ingresso + almoço ou ao ingresso + brunch nos fins-de-semana.

- ✓ As Docas de Alcântara começam na altura do Museu do Oriente. Já estiveram mais na moda, mas ainda há lá bons restaurantes, como o *Doca Peixe*, famoso por suas gambas tigre e pelos bifes de atum com purê. O lugar é muito aprazível. Outra boa opção nas Docas é o *5 Oceanos*.
- ✓ Verifique se há alguma boa exposição no amplo espaço da CORDOARIA NACIONAL.
- ✓ A *Casa de S. Bernardo*, na Rua da Junqueira, 120, tem comida prontinha para levar para casa. A dona, Isabel Beltrão, costumava dar ótimos cursos de cozinha. Aqui você pode encomendar pratos especiais para festas. Experimente o arroz de pato, o bacalhau na broa e o toucinho do céu.

✓ A *Confeitaria Nacional* tem um barco ancorado na Doca da Espanhola com uma de suas sucursais.

Você estará muito perto de um dos novos *points* lisboetas, a LX FACTORY. Não deixe de ir conferir.

Esse espaço, antes ocupado por diversos armazéns abandonados, foi recriado em 2008 por uma empresa de investimento imobiliário e transformado em lugar da moda.

Cafés, restaurantes, lojas de decoração, boutiques, bares, STREET ART e muito charme. O ideal é chegar de tardinha, para ver o anoitecer do alto do *Rio Maravilha*.

✓ Gosto, muito especialmente, da livraria *Ler Devagar*, com sua bicicleta flutuante, das bijuterias em metal prateado da *Bergue & Co*, do simpático restaurante *A Praça*, do maravilhoso bolo de chocolate da *Landeau* (que também pode ser encontrado lá) e dos drinks com vista do *Rio Maravilha*. Há, também, na LX Factory, uma excelente papelaria.

> A Fundação Berardo abrirá em breve, de frente para a saída da LX Factory, um museu dedicado à Art Nouveau e à Art Deco.

O PALÁCIO DA AJUDA fica relativamente próximo de Alcântara – ou de Belém. Se optar por passar um dia em Alcântara, poderá visitá-lo nessa ocasião.

Incluo as indicações correspondentes no roteiro dedicado ao Palácio de Queluz porque gosto da ideia de visitar os dois palácios no mesmo dia, mas é claro que a escolha é sua: há várias combinações possíveis, e cada um tem o seu ritmo próprio e sabe o que prefere ver e qual a melhor forma de usar os dias de que dispõe.

… 3 …

O Castelo de São Jorge

Elétrico 28E |
Castelo de S. Jorge |
Museu das Artes Decorativas |
Igreja de Santo António da Sé |
Sé Patriarcal |
Alfama |

O CASTELO DE SÃO JORGE é, literalmente, um dos pontos altos de Lisboa…

O terreno que ocupa foi disputado desde o tempo dos primeiros ocupantes da cidade. Deixar de visitá-lo é perder uma vista de tirar o fôlego e não conhecer um dos lugares mais emblemáticos de Portugal.

Construído pelos visigodos no século V, o castelo, que recebeu o nome de São Jorge em homenagem ao santo padroeiro das cruzadas, foi ampliado pelos muçulmanos no século IX e remodelado no século XII, quando D. Afonso Henriques, primeiro rei de Portugal, expulsou os mouros.

A partir do século XIII, Lisboa passou a ser a capital do Reino de Portugal, e o castelo viveu os seus tempos de glória. Com o nome de PAÇO DE ALCÁÇOVA, foi a primeira residência dos reis ou Paço Real. Ao deixar de ser Paço Real, foi utilizado como palácio de bispos, albergue para os nobres da Corte, palco de grandes festas, fortificação militar e prisão.

Com a mudança do Paço Real para o Terreiro do Paço, à beira do Tejo, e os vários terremotos que atingiram a cidade – especialmente o de 1755 – o castelo foi ficando descaracterizado. Em estado de ruína e abandono, só foi revitalizado como castelo medieval no século XX, quando ganhou o estatuto de Monumento Nacional. O que visitamos hoje é um belo trabalho de reconstrução, realizado em duas etapas: uma nos anos 40 e outra nos anos 90.

Qual a melhor maneira de chegar ao castelo? De elétrico. Isso mesmo.

Nada pode ser mais tradicional ou pitoresco que o ELÉTRICO 28E, amarelo por fora e todo de madeira por dentro.

As filas de turistas que sabem disso são enormes; portanto, sugiro começar o seu passeio em Campo de Ourique, já que é lá que fica a primeira parada do bonde, bem ao lado do Cemitério dos Prazeres.

Esse é um bom passeio para uma segunda-feira, dia em que muitas das atrações estão fechadas.

Se resolver ir até o castelo no elétrico 28E e optar por começar o passeio em Campo de Ourique, não deixe de visitar a CASA FERNANDO PESSOA, à Rua Coelho da Rocha, 16. Trata-se de uma casa dedicada ao célebre escritor português. Vale a visita. Há um simpático café-restaurante dentro do museu e uma biblioteca temática, especializada em Fernando Pessoa e em poesia. O poeta morou aqui durante os últimos 15 anos de sua vida.

CAMPO DE OURIQUE é um bairro muito agradável. Fica próximo da Lapa e da Estrela. Há um mercado com uma proposta semelhante à do Mercado da Ribeira, bom comércio, bons cafés e restaurantes. Trata-se de um bairro onde com certeza você poderá encontrar um hotel ou um apartamento para alugar, e vale incluir algumas sugestões:

- ✓ A *Tasca da Esquina* é uma das boas opções de restaurantes do bairro. Peça o menu secreto dos chefs (são 3!) e não deixe de comer os croquetes, que podem vir quentinhos, se você pedir.
- ✓ Os mesmos chefs também comandam a *Peixaria da Esquina*, onde você poderá comer, como o nome indica, ótimos pratos de peixe.
- ✓ Se quiser tomar um café antes de entrar no bonde, procure a *Aloma* de Campo de Ourique. Os deliciosos pastéis de nata costumam sair em diversas fornadas.
- ✓ Outra opção para o seu café é a pastelaria *A Tentadora*, com sua linda fachada em estilo Art Nouveau: Rua Ferreira Borges, 1.
- ✓ Na Rua Saraiva de Carvalho, perto do cemitério, há várias lojas de tecidos. *Vidal, Nomalism, Santo Condestável* são algumas delas.
- ✓ Campo de Ourique é um bairro muito família. Essa talvez seja a razão das inúmeras lojas de roupas para crianças, todas lindas.
- ✓ A loja *Beads*, na Rua 4 de Infantaria, 32, vende materiais para fazer bijuterias: contas, fechos, fios, terminais.
- ✓ No número 104 da Rua Coelho da Rocha encontrará o *Restaurante Coelho da Rocha*, um dos mais tradicionais do bairro.

O ELÉTRICO 28E faz um belo percurso, passando pela Basílica da Estrela, por São Bento, pela Praça Luís de Camões, pelo Chiado, pela Sé... até chegar ao castelo. Fique atento aos seus pertences.

> É possível chegar ao castelo usando o ELÉTRICO 12, que tem ponto na Praça da Figueira, bem perto da Estação do Rossio. Desça na parada do Largo das Portas do Sol.

> O eléctrico turístico *Yellow Bus* é outra opção. Sai da Praça do Comércio e volta a ela, em circuito fechado e mais seguro.

Também poderá ir à Costa do Castelo de Elevador – e sem pagar um tostão!

Se quiser usar o elevador público que sobe da Baixa até o Castelo, dirija-se à Rua dos Fanqueiros, 170/178.

Na verdade, trata-se de dois elevadores: o primeiro sai da Rua dos Fanqueiros e dá no Largo Adelino Amaro da Costa, também conhecido como Largo do Caldas. No Largo do Caldas, pergunte pelo segundo elevador, localizado no Edifício EMEL ou Mercado do Chão do Loureiro (onde funciona um supermercado Pingo Doce).

Este elevador panorâmico o deixará na Calçada do Marquês de Tancos. As portas se abrirão ao pé de um miradouro de vista soberba, bem na Costa do Castelo.

✓ A poucos passos do elevador, na zona do Castelo, acha-se o *Chapitô*, uma escola de circo que conta com um concorrido restaurante. No andar de cima, todas as janelas se debruçam sobre Lisboa e sobre o Tejo... Vistas lindas, boa comida e bons vinhos. Se for jantar, convém fazer reserva.

> Caso você não tenha tempo para fazer o roteiro da GRAÇA e tenha subido até a Costa do Castelo de bonde, desça na Graça para ver a igreja e o miradouro e ir, de lá, até o castelo.
> Se puder, suba um pouco mais, para visitar o Miradouro da Senhora do Monte – para mim o mais bonito de Lisboa.

As filas para conhecer o CASTELO DE SÃO JORGE costumam ser grandes mas andam depressa. A visita pode durar o tempo que você quiser ficar entre as ruínas de Alcáçova.

Como a vista que se tem da cidade é das mais espetaculares, sugiro escolher um dia ensolarado, o que, em se tratando de Lisboa, não costuma ser difícil. Você também pode ir ao cair da tarde, para ver a cidade anoitecendo.

✓ Há, no castelo, um café e um restaurante, a *Casa do Leão*, que ocupa o lugar em que ficavam guardados os leões do castelo. O restaurante faz parte das *Pousadas de Portugal*. No verão, almoçar na esplanada da Casa do Leão é um privilégio.

> Perto da entrada do castelo situa-se o *Palácio Belmonte*. Trata-se do mais antigo palácio de Lisboa, hoje transformado em exclusivíssimo hotel-butique. Não costumo recomendar hotéis, mas se gostar de ficar hospedado em lugares únicos, essa pode ser a escolha perfeita. Mandado construir em 1449, sobre ruínas mouras e romanas, e decorado com magníficos azulejos do início do século XVIII, este palácio – cuja reforma foi meticulosa – conquistou inúmeros prêmios de hotelaria. Foi Pedro Álvares Cabral, após a descoberta do Brasil, quem encomendou a construção da primeira parte do Palácio Belmonte, em 1503. Logo ao entrar, você encontrará, no pátio, o restaurante do estrelado chef Tiago Feio, *Leopold*.

Depois de passear pelo castelo, desça, a pé, até o Largo das Portas do Sol.

Aprecie a vista do miradouro e aproveite para visitar o MUSEU DAS ARTES DECORATIVAS PORTUGUESAS/FUNDAÇÃO RICARDO DO ESPÍRITO SANTO SILVA.

Trata-se da impressionante coleção de peças dos séculos XV a XVIII do banqueiro e colecionador homônimo, instalada no *Palácio Azurara*, decorado com belos painéis de azulejos.

Não deixe de ver a Tapeçaria *Cortejo de Girafas*, a Sala das Vitrines e o Núcleo das Cadeiras, consideradas pelo colecionador como objetos de extrema poesia.

O museu fecha 1/2 hora para o almoço.

As oficinas da Fundação, que também funciona como escola, são especializadas em restauro de faianças e móveis, em réplicas de móveis e de tapetes arraiolos, e em encadernações. Pode-se agendar uma visita.

Visto o museu, você tanto pode descer a rua, seguindo os trilhos do bonde, como passear por esta zona próxima ao castelo, entre a Mouraria e Alfama. Se tiver boas pernas e estiver usando sapatos adequados, suba e desça, a partir daqui, ladeiras e escadinhas. Vale a pena. Nada pode ser mais pitoresco, nem mais lisboeta.

A MOURARIA tornou-se, por ordem de D. Afonso Henriques, o reduto dos muçulmanos que habitavam Lisboa, enquanto que os judeus ocupavam os bairros da zona conhecida como Castelo.

Foi aqui que surgiram as primeiras obras portuguesas da arte mudéjar, uma das fontes de inspiração para o estilo manuelino.

E foi aqui, também, séculos depois, que teve origem o Fado, carregado de melancolia e de saudades...

Ao lado do Largo das Portas do Sol, na Rua Norberto de Araújo, há uma escadaria que desce até o coração de ALFAMA, o bairro mais antigo da cidade. Trata-se, na realidade, de mais do que um bairro: Alfama é uma verdadeira aldeia, onde todos os moradores se conhecem.

Qualquer que seja a sua escolha, não deixe de ver o MIRADOURO DE SANTA LUZIA, um dos mais românticos da cidade. Fica a dois passos do Largo das Portas do Sol.

✓ São várias as esplanadas que encontrará na descida do castelo. Escolha a que lhe parecer mais acolhedora.
✓ Verifique os *Free Walking Tours*, que oferecem caminhadas pela zona do Castelo.
✓ Para um drinque com vista lindíssima, vá ao *Memo Alfama Terraço*: Travessa das Merceeiras, 27.
✓ A *Taberna Sal Grosso*, na Calçada do Forte 22, é muito simpática.

Se descer a rua, encontrará, logo a seguir, a IGREJA DE SANTO ANTÓNIO DA SÉ e o MUSEU ANTONIANO. A igreja, quase que completamente destruída pelo terremoto de 1755, foi reconstruída em estilo barroco e transformada em santuário de Santo António. Sobraram a cripta, localizada – segundo reza a lenda – sobre o lugar em que o santo nasceu, e a estátua do santo. O museu é pequeno mas muito bem montado. Completamente dedicado àquele que é o santo mais amado de Lisboa, contém várias relíquias e obras que o retratam ou homenageiam.

✓ Santo António de Pádua é conhecido como "o" santo casamenteiro. Muitos jovens visitam essa Igreja no dia de seus casamentos, trazendo oferendas de flores. Por ocasião das festas do santo, que se realizam nos dias 12 e 13 de junho, a Sé de Lisboa celebra os Casamentos de Santo António. Lisboa fica ainda mais colorida! Este é um dos pontos altos das Festas dos Santos Populares, que duram semanas. Toda enfeitada de bandeirinhas e flores de papel, com as tradicionais sardinhas grelhadas, cravos e manjericão, a cidade convida o visitante a tomar parte dos festejos. Há desfiles populares, e Lisboa em peso comemora.

Atravesse, agora, a mesma rua para visitar a SÉ PATRIARCAL. Erguida sobre as ruínas de uma antiga mesquita, a Sé é majestosa. Trata-se de uma das poucas construções que resistiram ao terremoto.

O claustro paira sobre escavações arqueológicas de épocas diferentes – do século VIII a.C. ao século XIV, quando foi construído.

O Museu do Tesouro é interessante. Lá de cima vê-se a igreja; vale a pena.

✓ Ao lado da Sé há uma bonita loja de artesanato e souvenirs, a *Espaço Oikos Arte da Terra*.

✓ Confira, também, a livraria *Fábula Urbis*, especializada em livros sobre Lisboa.

✓ Na Rua do Barão, 28, há duas lojas que se juntaram: a *Voo da Andorinha*, que vende bijuterias criativas de jovens designers portugueses, e a *Era Uma Vez Um Sonho*, dedicada aos sonhos infantis.

✓ Entre na loja-atelier de Teresa Pavão, na Rua São João da Praça, junto à Sé, para ver suas lindas peças de cerâmica e suas roupas e echarpes.

✓ Na mesma rua, bem em frente, poderá fazer uma pausa no *Pois Café*, o primeiro café austríaco da cidade. Peça um strudel.

Desça pela Rua do Barão para chegar ao *Palacete Chafariz d'El Rei*, que fica na Travessa Chafariz d'El Rei, 6. O caminho é um charme e você estará passeando pelas ruas de ALFAMA, muito turísticas mas cheias de cor local: balcões floridos, nichos com santos, casas de fado, botecos antigos, roupa pendurada nas janelas.

O PALACETE CHAFARIZ D'EL REI, um curioso palacete *Belle Époque* com tempero neomourisco, é um espetáculo à parte. Debruçado sobre o Tejo, foi construído no início do século XX por João António dos Santos, um português que enriqueceu no Brasil e voltou para Lisboa, disposto a mostrar que tinha sido bem-sucedido. A mulher do "brasileiro" não morria de amores pela casa que o marido construiu – com certa razão, já que a Comissão de Estética propôs a demolição desse palacete por atentado ao bom gosto três anos depois. Trata-se de um exemplo exuberante do que em Portugal se conhece por *Arte Nova Brasileira:* uma construção ao gosto dos imigrantes retornados do Brasil.

O antigo salão de baile (hoje salão de chá) é lindo e há uma pequena sala privada, coberta por motivos orientais, que pode ser reservada para pequenos almoços (cafés-da-manhã) em datas especiais.

O CHAFARIZ D'EL REI – que dá nome ao palacete e fica aos seus pés – foi possivelmente o primeiro chafariz público de Lisboa. Construído no século XIII, a partir do século XV abasteceu os navios da Rota das Índias. A fachada atual data de 1864.

Proponho que você encerre o seu dia em Alfama, em algum restaurante simpático, para depois ir aos fados ou, quem sabe, terminar na famosa *boite Lux*.

O MUSEU DO FADO fica aqui em Alfama, no Largo do Chafariz de Dentro, 1.

Dedicado ao fado e à guitarra portuguesa, conta com loja temática, onde é possível comprar bons CDs, auditório, café-restaurante, exposição permanente, exposições temporárias, centro de documentação e uma escola, que oferece cursos para intérpretes e letristas, assim como cursos de guitarra portuguesa e de viola de fado.

- ✓ A *Bica do Sapato* é um dos restaurantes mais badalados dessa parte de Lisboa. Tem uma esplanada sobre o rio Tejo. Avenida Infante Dom Henrique, Cais da Pedra, Armazém B.
- ✓ O *Faz Figura* é outra boa alternativa. Serve cozinha portuguesa contemporânea e também tem vista sobre o Tejo. Rua do Paraíso, 158.
- ✓ A *Lux* fica na Avenida Infante Dom Henrique, Armazém A.
- ✓ São tantas as casas de fado que fica difícil recomendar uma. Eu gosto do fado vadio – o fado improvisado cantado por quem vai chegando. A comida nas casas de fado costuma ser muito irregular ou definitivamente ruim. Chegue mais tarde para tomar um drinque. Essa é a hora em que os fadistas costumam circular entre as várias casas para cantar seus fados.
- ✓ Algumas opções: *Clube de Fado, Mesa de Frades* (tida como a mais bonita, já que ocupa uma antiga capela do século XVIII), *Casa de Linhares, Bela, O Faia* (conhecida pelo bom fado e pela boa comida), *A Muralha* (uma tasca onde também há fados).

4

Da Senhora do Monte à Madre de Deus

Miradouro da Senhora do Monte |
As Vilas da Graça |
Igreja da Graça |
Mosteiro de São Vicente de Fora |
Campo de Santa Clara |
Panteão Nacional (Igreja de Santa Engrácia) |
Igreja/Convento Madre de Deus |
Museu Nacional do Azulejo |

Este roteiro pode ser combinado com o anterior, caso você não disponha de muitos dias em Lisboa.

Comece o seu dia indo até o meu miradouro predileto: O MIRADOURO DE NOSSA SENHORA DO MONTE, antes um segredo bem guardado, é hoje um dos mais visitados da cidade. Trata-se de um dos pontos mais altos de Lisboa: a vista que se tem daqui é simplesmente deslumbrante.

> Nem sempre a capelinha do século XVIII, por trás da Virgem que dá nome ao miradouro, está aberta. Erigida onde antes ficava a Ermida de S. Gens, o primeiro Arcebispo de Lisboa, a capela conserva a cadeira de S. Gens. Reza a lenda que as grávidas que nela se sentam terão, com certeza, um bom parto.

Depois de apreciar a vista do Miradouro de Nossa Senhora do Monte, desça a Rua da Graça até chegar ao Largo da Graça, para visitar três vilas do início do século XX: o Bairro Estrela d'Ouro, a Vila Berta e a Vila Sousa.

Com o aumento da população de Lisboa no século XIX, por conta da necessidade de mão de obra para novas indústrias, foram construídas várias vilas operárias. Curiosamente, todas elas podem passar despercebidas, pois ficam escondidas a um primeiro olhar.

O BAIRRO ESTRELA D'OURO encontra-se entre o número 22 da Rua da Graça e o número 14 da Rua da Senhora do Monte.

Encomendada entre 1907 e 1909 por Agapito Serra Fernandes, um industrial de confeitaria, servia, à época, como alojamento para os seus funcionários. A casa de Agapito, *Vivenda Rosalina*, estava situada bem no centro desse bairro operário, e hoje abriga um lar de idosos.

Foi aqui, no Bairro Estrela d'Ouro, pontilhado por estrelas – uma homenagem de Agapito a Santiago de Compostela – que se projetou, pela primeira vez em Portugal, um filme sonoro. No Royal Cine, do qual infelizmente só sobrou a fachada e onde hoje funciona um supermercado.

Desça, agora, a Rua da Graça, dobre à esquerda na Rua do Sol à Graça e depois à direita na Travessa da Pereira, que emoldura, com um arco, a entrada da VILA BERTA. Desenhada e construída pelo industrial Joaquim Francisco Tojal, em 1902, como uma vila pequeno-burguesa, a Vila Berta tem prédios de dois andares, escadinhas, varandas de ferro, azulejos Art Nouveau e flores nas janelas, e bem merece uma visita.

Berta era o nome da única filha de Joaquim Francisco Tojal.

Ao chegar ao Largo da Graça, você poderá visitar, no número 82, outra vila operária, a VILA SOUSA. Construída em 1890 sobre as ruínas do Palácio Vale de Reis, tem a fachada recoberta por azulejos. Entra-se por um portão de ferro para dar no grande pátio interno.

A IGREJA DA GRAÇA estará ali mesmo, com outro lindo miradouro à sua espera...

Construída no século XIII para os eremitas de Santo Agostinho, sofreu várias alterações, especialmente após o terremoto de 1755, e hoje exibe uma mistura curiosa de estilos. A torre do sino é original e o sino é do século XVIII, de autoria de Manuel Costa Negreiros. Não perca o teto com pintura em *trompe l'oeil* da sacristia e os corredores azulejados que levam até lá.

O convento adjacente foi aberto ao público, pela primeira vez, em 2017.

Caminhe, agora, pela Rua da Voz do Operário para visitar o MOSTEIRO DE SÃO VICENTE DE FORA.

Fundado em 1147 por D. Afonso Henriques, primeiro rei de Portugal, este impressionante mosteiro foi reformado por Felipe II de Espanha e I de Portugal no século XVI, e conta com claustros de grande beleza, capelas, galerias, dois panteões, um museu de arte sacra, uma elegante sacristia, a Galeria dos Patriarcas e, muito especialmente, lindos painéis de azulejos, com menção honrosa para o ciclo de 38 painéis dedicados às Fábulas de La Fontaine. Imperdível.

Ao sair do mosteiro, procure o CAMPO DE SANTA CLARA, que fica ali ao lado.

Se sua visita coincidir com uma terça-feira ou um sábado, poderá ver essa bela praça em dia de FEIRA DA LADRA, um dos *mercados de pulgas* mais famosos de Lisboa e uma tradição que data de 1882.

O nome de Santa Clara vem do Mosteiro das Clarissas que existia aqui antes do terremoto de 1755.

Além do Mercado de Santa Clara, admire os belos palácios à volta do Campo.

Sua próxima parada será o PANTEÃO NACIONAL/IGREJA DE SANTA ENGRÁCIA, que você pode avistar desde o Campo de Santa Clara. As obras desse monumento demoraram tanto (300 anos) que deram origem ao dito popular "Obras de Santa Engrácia" – expressão usada para falar de alguma coisa que nunca vai acontecer ou que demorará para terminar. A igreja é considerada o primeiro monumento barroco de Portugal e abriga o Panteão Nacional, onde estão os túmulos de antigos presidentes e de outras personalidades portuguesas. Não deixa de ser emocionante entrar no Panteão ao som da voz da grande fadista Amália Rodrigues, cujo túmulo poderá visitar.

Uma estreita escadaria leva até o topo do monumento. É experiência a não perder: a vista, por entre a mureta da cúpula, é única.

Há uma lenda em torno das obras de Santa Engrácia. Uma história de amor sem final feliz... Uma jovem chamada Violante perdeu-se de amores por um rapaz chamado Simão. O pai da moça, para evitar um possível romance, encerrou a filha no Convento de Santa Clara. Simão rondava o convento todas as noites para ver a amada. Uma noite planejaram fugir juntos. Justamente nesse dia, o relicário de Santa Engrácia foi roubado. Simão foi injustamente acusado e, por ser cristão-novo, condenado a arder na fogueira do Campo de Santa Clara. Ao morrer, teria amaldiçoado as obras da igreja, dizendo: "É tão certo eu morrer inocente como as obras nunca acabarem!".

✓ Às quartas-feiras, dança-se tango na Porta de Santa Engrácia, ao pé do Panteão Nacional. Se gostar de tango, poderá juntar-se ao grupo.

O MUSEU NACIONAL DO AZULEJO era, sem dúvida alguma, o lugar preferido de minha mãe. E é um dos meus. Por isso, sugiro que você termine o seu passeio com chave de ouro, visitando o museu e a IGREJA/CONVENTO MADRE DE DEUS.

Instalados no antigo Mosteiro da Madre de Deus, fundado em 1509 pela Rainha D. Leonor, tanto o Museu quanto a Igreja/Convento Madre de Deus, que faz parte do mesmo complexo, são espetaculares.

Os azulejos são uma das marcas culturais mais relevantes do país e os que você terá a oportunidade de ver aqui, em criações que vão do século XV aos dias de hoje, são inesquecíveis.

O MUSEU, renovado recentemente, é um dos mais belos de Portugal. Só o painel que mostra, em 23 metros de comprimento, a vista panorâmica do litoral de Lisboa antes do terremoto de 1755, já vale a visita. Não perca o enigmático painel *O Casamento da Galinha*.

O café/restaurante é uma graça, com direito a paredes decoradas com belos azulejos oitocentistas e a jardim de inverno e esplanada.

A IGREJA Madre de Deus sofreu muito com o terremoto de 1755 e foi reconstruída no século XVIII. É simplesmente linda. Suas paredes são recobertas por azulejos barrocos azuis e brancos, elegantes talhas douradas e quadros que representam a vida de Santa Clara e de São Francisco. O claustro em estilo manuelino, enfeitado por azulejos dos séculos XVI e XVII, é notável.

Do Panteão Nacional até aqui a distância não é muito curta.

O Museu do Azulejo fica um pouco fora de mão. Mas se você só puder visitar um dos monumentos deste roteiro, escolha o Museu Nacional do Azulejo!

> Pode-se chegar de ônibus, descendo do Panteão até a estação de Santa Apolônia e pegando o autocarro/ônibus 794.

5
O Príncipe Real

Jardim das Amoreiras |
Fundação Arpaud Szenes-Vieira da Silva |
Mãe d'Água |
Largo do Rato |
Rua da Escola Politécnica |
Jardim Botânico de Lisboa |
Príncipe Real |
Miradouro de São Pedro de Alcântara |
Igreja e Museu de São Roque |
Bairro Alto |
Chiado |

Este é outro de meus passeios prediletos, partindo do pequeno Jardim das Amoreiras e indo dar no Bairro Alto ou, se você preferir, no Chiado.

O JARDIM DAS AMOREIRAS foi idealizado pelo Marquês de Pombal e inaugurado em 1759. O marquês mandou plantar amoreiras porque suas folhas são muito apreciadas pelos bichos-da-seda. Sua intenção era estimular a indústria da seda portuguesa. Era aqui, no prédio hoje ocupado pela Fundação Arpad Szenes-Vieira da Silva, que funcionava a *Real Fábrica dos Tecidos de Seda de Lisboa*.

Se gostar de arte moderna, não deixe de visitar a FUNDAÇÃO ARPAD SZENES-VIEIRA DA SILVA. O museu abriga uma bela coleção de obras do casal, assim como exposições temporárias.

Szenes Árpad e Maria Helena Vieira da Silva – ele, húngaro, ela, portuguesa – moraram no Brasil durante a Segunda Guerra Mundial e no pós-guerra (1940-1947).

O simpático jardim é delimitado pelo final do Aqueduto das Águas Livres. E pela MÃE D'ÁGUA, reservatório projetado em 1746 para recolher as águas do aqueduto.

Reza a lenda que os reis portugueses utilizavam esse reservatório como ponto de encontro para eventuais escapadelas com suas amantes. Hoje, tanto o imponente aqueduto quanto a Mãe d'Água fazem parte do MUSEU DA ÁGUA e podem ser visitados.

A Mãe d'Água das Amoreiras dispõe de terraço panorâmico.

> ○ AQUEDUTO DAS ÁGUAS LIVRES, um dos cartões postais de Lisboa, foi construído, em meados do século XVIII, como resultado da arrecadação do imposto "Real da Água". A maior obra pública jamais realizada em Portugal foi erguida com o fim de captar e distribuir água para uma cidade que dispunha de pouca água potável. Com seus 109 arcos e seus 58 quilômetros de extensão, o aqueduto resistiu bravamente ao terremoto de 1755 e se manteve em funcionamento até 1968. Hoje, pode-se caminhar pelo seu topo, sobre o Vale de Alcântara, partindo de Campolide. Este caminho público esteve fechado durante anos, desde 1853, como consequência dos crimes do famoso Diogo Alves. Com sua quadrilha, o Pancadas, como era conhecido, assaltava os passantes e os jogava do alto dos arcos, simulando suicídios em série.

Aos sábados pode-se visitar outro dos reservatórios pertencentes ao MUSEU DA ÁGUA, por baixo do Jardim do Príncipe Real: o Reservatório da Patriarcal.

A sede principal do Museu da Água fica na Rua do Alviela, 12, perto da Estação de Santa Apolonia.

Em frente à Fundação Arpad Szenes-Vieira da Silva vê-se uma capelinha. É a CAPELA DE NOSSA SENHORA DE MONSERRATE, erguida no século XVIII a mando da Irmandade dos Fabricantes de Seda.

É desse Jardim das Amoreiras, portanto, que provém o nome do *shopping* que fica a poucos metros de distância.

✓ Há, no jardim, um simpático quiosque, muito frequentado pelos moradores e pelos pais que vêm com seus filhos ao parque infantil.

✓ Perto do Jardim das Amoreiras, na Rua de Julio Penha, ao fundo, numa casinha com trepadeiras, situa-se o bar *Procópio*. Tradicional e absolutamente charmoso, ainda é um reduto de lisboetas, apesar de já ter figurado nas listas da *Time Out*.

Continue o seu passeio a partir do LARGO DO RATO.

✓ É no Largo do Rato que você encontrará uma das camisarias mais tradicionais de Lisboa, a *Camisaria D'Ouro*. Faz camisas sob medida, com suas iniciais bordadas, e guarda as suas medidas, que podem ser usadas para encomendas à distância.

✓ Se gostar de papelarias (eu adoro!), visite a *Papelaria Fernandes*.

Do Largo do Rato saem várias ruas que levam a pontos interessantes da cidade.

Como a Rua Álvares Cabral, que leva à Estrela; a Rua do Salitre, que desemboca na Avenida da Liberdade; a Rua do Sol ao Rato e a Rua Saraiva de Carvalho, que vão dar em Campo de Ourique; a Rua de São Bento, que chega até a Assembleia Nacional.

O Rato é um dos pontos mais centrais de Lisboa e é daqui que você começará a sua caminhada por uma das ruas mais cheias de vida da cidade, a RUA DA ESCOLA POLITÉCNICA, que mudará de nome no decorrer do seu percurso e passará a chamar-se Rua D. Pedro V, Rua S. Pedro de Alcântara e Rua da Misericórdia. Muita gente se refere a esta rua como Príncipe Real, mas, na realidade, estamos falando de várias ruas cujo epicentro é o Jardim do Príncipe Real.

A rua em si é linda, e você estará passando pelo Rato, pelo Príncipe Real e pelo Bairro Alto, três bairros com edifícios atraentes, lojas, cafés, restaurantes e o que há de melhor e mais *trendy* em Lisboa. Com direito a parar em belas praças, igrejas e miradouros e a poder enveredar por pequenas ruelas que atravessarão o seu percurso, convidando-o a fazer desvios no caminho.

O JARDIM BOTÂNICO DE LISBOA, onde também funciona o MUSEU NACIONAL DE HISTÓRIA NATURAL E CIÊNCIA, fica no número 58 da Rua Escola Politécnica. O jardim é tido como um dos mais bonitos da Península Ibérica e seu borboletário é uma atração à parte.

Muitos dos bons antiquários de Lisboa estão localizados nessa grande rua que vai serpenteando ladeira abaixo e mudando de nome. Onde também surgiram, de uns anos para cá, várias *concept stores* – lojas diferentes que se juntam num grande espaço, vendendo de tudo um pouco.

Eis algumas sugestões:

- ✓ A *Casa dos Tapetes Arraiolos* mostra os belos tapetes feitos à mão, que são típicos da cidade de Arraiolos, somando-se aos inúmeros cartões de visita de Portugal.
- ✓ Se gostar de antiguidades e jóias, confira a *Ils*, logo de Isabel Lopes da Silva. A loja é de enorme bom gosto. Isabel

vende pratas, objetos e joias e se especializa no período que vai dos anos 1930 aos anos 1970.

✓ Um *Cachorro à Portuguesa*? Antes de cruzar a Rua de São Marçal verá o restaurante que leva esse nome, na Rua de São Marçal, à direita. São vários os tipos de cachorro-quente à sua escolha.

✓ Típico mesmo é o *prego*: um bife comido no pão (comido no prato recebe o nome de *bitoque*). No *Prego da Peixaria*, oriundo do restaurante *Sea Me*, você poderá comer um ótimo prego, escolher entre várias opções e ainda tomar um bom vinho ou uma imperial. O Sea Me é especializado em peixe, mas seus pregos fizeram tanto sucesso que a casa resolveu lançar o *Prego da Peixaria*.

✓ Acaba de abrir, no Palácio Castilho, a *Pau Brasil*, 100% dedicada a artigos feitos no Brasil. Moda, design, cosméticos, chocolates. *Bijoux* indígenas, biojoias de Maria Oiticica, maiôs da Lenny, artigos da Granado e da Phebo, móveis dos irmãos Campana, de Hugo França e de Sergio Rodrigues, objetos de Chicô Gouveia. A loja é muito bonita e fica na Rua Escola Politécnica, 42.

✓ A *Embaixada* talvez seja a *concept store* mais conhecida. Vale a pena entrar, pois o Palacete Ribeiro da Cunha, de estilo neoárabe e ambiente muito especial, além de ser interessante, oferece boas opções, inclusive para comer e beber. Debruce-se nas janelas e sacadas do palacete: há vistas lindas a não perder.

✓ Ao chegar à PRAÇA DO PRÍNCIPE REAL, pare para ver a vitrine da loja de *Bordados Príncipe Real*, que existe há 60 anos. Há toalhas bordadas com os motivos das louças da Vista Alegre, guardanapos de coquetel, *sachets*, jogos americanos, lençóis. Peça para ver os bordados tradicionais portugueses: os da Ilha da Madeira e de Viana do Castelo e as colchas de algodão feitas em Guimarães.

✓ Gosto muito da *Cevicheria* do chef Kiko. O restaurante, que tem poucas mesas e é muito concorrido, não faz reservas e é preciso enfrentar longas filas. Se quiser esperar pela sua vez, experimente um dos *pisco sours* servidos na barra que dá para a rua.

✓ Se não quiser esperar, na Rua da Rosa, ali pertinho, fica outro dos restaurantes de Kiko, o *Asiático*, bem mais amplo e de ambiente divertido.

✓ O restaurante *Faz Frio*, na Rua D. Pedro V, 98, serve bacalhau há mais de 100 anos.

✓ Para tomar o melhor chocolate quente de Lisboa ou um cappuccino maravilhoso, vá ao *Bettina & Niccolò Corallo*, que fica na Rua da Escola Politécnica, 4. Se for chocólatra e gostar de gelados, prove o da Corallo. Inesquecível. Se ainda houver espaço, experimente o brownie.

✓ Pizza em Lisboa? Porque não? A pizzeria *Zero Zero* serve boas pizzas e fabulosas tábuas de queijos e frios e tem um simpático espaço externo para os dias de primavera e verão. A *Pizza a Pezzi*, que abriu na Rua D. Pedro V, 86, oferece *pizza al taglio*: pedaços de pizza de diferentes tamanhos e coberturas.

✓ Embora muitos o achem decadente, eu adoro o bar *Pavilhão Chinês*. Suas paredes, cobertas por coleções de absolutamente tudo, são encantadoras e ainda surpreendem.

✓ O *Tapisco*, cujo nome brinca com a conjunção de tapas + petiscos (o nome espanhol e o português) é do chef Henrique Sá Pessoa, que também pilota o *Alma* (um dos restaurantes estrelados de Lisboa). Muito simpático, pode-se ir a qualquer hora. Peça o *Bacalhau à Brás*, uma das especialidades do chef. Rua D. Pedro V, 81.

✓ A *Pastelaria-Padaria São Roque*, agora *Padaria Patriarcal*, antiga e cheia de estilo, serve boas sopas e saladas, além dos salgados e bolos de praxe. Não deixe de conferir o interior, mesmo que seja para tomar uma *bica*.

✓ O restaurante *Snob* fica aberto até as 3 da manhã. É perfeito para noctívagos, já que sua comida caseira é servida até as 2:30. Rua do Século, 178.

✓ Mudou-se para o Príncipe Real a *Queijaria Cheese Shop & Bar*, que antes ficava na Rua das Flores.

Se continuar caminhando pela Rua da Escola Politécnica, verá que ela muda de nome logo depois da PRAÇA DO PRÍNCIPE REAL. O jardim desta praça, JARDIM DO PRÍNCIPE REAL, é muito agradável. Proteja-se do sol sentando nos bancos de madeira, sob o grande caramanchão. E peça um refresco no quiosque.

Nossa rua, a partir daqui, passa a chamar-se Rua D. Pedro V.

Você estará a poucos quarteirões do belíssimo MIRADOURO DE SÃO PEDRO DE ALCÂNTARA. A vista daqui é incrível.

Do lado oposto ao miradouro verá o CONVENTO DE SÃO PEDRO DE ALCÂNTARA. Visite a igreja, que contém pinturas e painéis de azulejos com cenas da vida do santo. Para a *Capela dos Lencastres* é preciso verificar os horários.

A partir do Convento de São Pedro de Alcântara, a rua muda de nome outra vez. E passa a chamar-se Rua S. Pedro de Alcântara.

Você estará, a partir de agora, beirando o BAIRRO ALTO – o bairro da noite lisboeta e não só. Há muito o que ver costurando as ruas desse bairro pitoresco, que borbulha quando cai a tarde, com seus bares, restaurantes e lojas.

Um belo exemplo das surpresas que o Bairro Alto reserva é o CONVENTO DOS CARDAES.

Para chegar lá, dobre à direita na Rua Luísa Todi (a rua do Convento de São Pedro de Alcântara) e siga em frente até encontrar a Rua de O Século, número 123.

O CONVENTO DOS CARDAES só abre à tarde e funciona com visitas guiadas por voluntárias muito simpáticas. Foi fundado no século XVII por D. Luísa de Távora, para abrigar a Ordem das Carmelitas Descalças. As ordens religiosas femininas foram extintas por decreto em 1833 e o convento fechou suas portas com a morte da última religiosa, em 1876. Em 1877, ele foi cedido à Associação de Nossa Senhora Consoladora dos Aflitos para que ali fosse instalado um asilo para cegas, aos cuidados das Irmãs Dominicanas.

A fachada do convento é simples mas a igreja é maravilhosa e foi muito pouco abalada pelo terremoto de 1755. Azulejos holandeses feitos por encomenda, talhas douradas, pinturas com cenas da vida da Virgem, oratórios e muitas histórias a serem contadas pelas guias sobre as religiosas de famílias ricas que lá viveram enclausuradas.

Se preferir continuar o seu passeio pela "nossa" rua, dirija-se ao Largo Trindade Coelho – o largo da sede da Santa Casa da Misericórdia e da magnífica IGREJA DE SÃO ROQUE.

A Igreja de São Roque foi construída no século XVI pela Companhia de Jesus. Recebeu o nome de São Roque porque os jesuítas escolheram o terreno em que antes se erguera a ermida que abrigava a relíquia do santo, mandada vir de Veneza por D. Manuel I para proteger a cidade de uma grave epidemia de peste.

Uma das primeiras igrejas jesuítas do mundo e um belo exemplo do barroco, a Igreja de São Roque possui talhas douradas, azulejos, teto maneirista com falsas cúpulas, altares e capelas de fazer cair o queixo. Imperdível!

Não deixe de ver a sacristia, construída no século XVII e decorada com um ciclo de 20 telas sobre a vida de São Francisco Xavier no Oriente.

A igreja faz parte, junto com o museu adjacente, da Santa Casa da Misericórdia de Lisboa.

O MUSEU DE SÃO ROQUE, pequeno mas muito bem montado, está instalado no espaço antes ocupado pela Casa Professa da Companhia de Jesus em Lisboa e expõe peças extraordinárias de arte sacra. Veja as *Tábuas da Vida e Lenda de São Roque*, vindas do retábulo da antiga ermida.

✓ No Museu há um café/restaurante situado no aprazível claustro. O café está a cargo de um *restaurateur* norte-americano, que alterna as suas atividades gastronômicas neste espaço e na sua cidade, São Francisco. Há *brunch* aos sábados.

Você está, agora, a dois passos do Chiado. É só seguir pela mesma rua, que agora passa a chamar-se Rua da Misericórdia.

Se quiser admirar outro belo convento, faça um *détour* entrando na Travessa da Queimada para chegar à Travessa dos Inglesinhos e ver, do lado do Hospital St. Louis, a fachada do CONVENTO DOS INGLESINHOS, que foi totalmente reformado.

O *English College of SS Peter and Paul*, do século XVII, funcionou como convento até 1971. Depois foi abandonado e hoje virou um condomínio de luxo. Alguns de seus apartamentos podem ser alugados por temporada ou estão à venda.

O convento fica ao lado da Escola de Música. Se você der sorte – ou azar! – poderá escutar os acordes dos estudantes.

Se continuar descendo a rua, ao se aproximar do CHIADO, verá à sua esquerda a IGREJA DE NOSSA SENHORA DE LORETO, conhecida como igreja dos italianos. E estará no

Largo do Chiado, no coração de Lisboa e em pleno burburinho turístico. Este é, com certeza absoluta, um dos lugares mais visitados da cidade.

Ao redor do Chiado há muito para se ver. E muito para comprar! O comércio é dos melhores de Lisboa.

Dependendo do seu ritmo, continue a visita usando o próximo roteiro.

Se dispuser de mais tempo para conhecer a cidade, encerre a jornada aqui, indo jantar em algum dos simpáticos restaurantes do Bairro Alto – e guarde o Chiado para outro dia.

Ficam as dicas para o final do percurso:

- ✓ Uma boa opção de restaurante entre o Bairro Alto e o Chiado é *As Salgadeiras*, na Rua das Salgadeiras, 18. Peça o trio de bacalhau.
- ✓ Se preferir ouvir fados, vá cedo reservar uma mesa na *Tasca do Chico*, uma casa simpática dedicada ao fado vadio – ou fado improvisado. Come-se mal, mas a experiência de ver novatos, muitas vezes estrangeiros, entrando para entoar fados numa tasca do Bairro Alto é impagável. Rua do Diário de Notícias, 39.
- ✓ Se gostar de chapéus, visite *A Fábrica dos Chapéus*, na Rua da Rosa, 118.
- ✓ *A Carioca*, uma lojinha aberta em 1936, é especializada em chás e cafés. Por dentro é linda. Há ótimos bombons. Os chás vêm da China. Fica quase no Chiado, na Rua da Misericórdia, 9.
- ✓ A loja *República das Flores*, na Rua da Misericórdia, 31, tem de tudo um pouco: xales, objetos de decoração, velas, flores. Fica aberta até as 22h.
- ✓ A *Chocolataria Equador* vende chocolates artesanais feitos em Portugal. As embalagens são tão lindas quanto a loja. Rua da Misericórdia, 72.

❖6❖
O Chiado

Largo do Chiado |
Praça Luís de Camões |
Rua do Loreto |
Miradouro de Santa Catarina |
Museu da Farmácia |
Igreja de Santa Catarina |
Igreja das Mercês |
Teatro Nacional de São Carlos |
Museu do Chiado – MNACC |
Largo do Carmo |
Escadinhas do Duque |
Novo Chiado |

O CHIADO, considerado por muitos o coração de Lisboa, remonta ao século XII. Reza a lenda que Lisboa, assim como Roma, foi fundada num lugar rodeado por sete colinas. O CHIADO teria surgido numa dessas colinas.

No início, era ocupado por conventos e grandes mansões. Reconstruído depois do terremoto de 1755, só voltou a ter um lugar de destaque na vida da cidade no século XIX, quando ali se instalaram bibliotecas, clubes, cafés e teatros (o Teatro São Luiz, o Teatro São Carlos, o Teatro Trindade...). A criação do exclusivo clube *O Grêmio Literário*, em 1856, fez do Chiado o centro do romantismo português.

Em 1988, grande parte desse coração de Lisboa ruiu num grande incêndio. O projeto de reconstrução, que durou anos, ficou a cargo do arquiteto Álvaro Siza Vieira, que harmonizou, com muita elegância, as construções pombalinas com uma arquitetura mais moderna. Hoje o Chiado voltou a fervilhar. Há muito o que ver nessa colina...

Comece a sua visita no LARGO DO CHIADO. Não se acanhe e tire uma foto com Fernando Pessoa, que estará à sua espera no café *A Brasileira*, verdadeira instituição lisboeta.

A Brasileira existe desde 1905. Esse belíssimo café, oriundo de uma antiga rede de lojas especializadas em café brasileiro chamadas *As Brazileiras*, funcionou como o primeiro museu de arte moderna de Lisboa, e foi um importante reduto de intelectuais. Entre para ver o interior do café e a arte exposta em suas paredes, mas não coma aqui. *A Brasileira* é imperdível como atração turística, mas você não pode deixar de conferir o melhor pastel de natas da cidade, que fica mesmo ali ao pé, na *Manteigaria*, na PRAÇA LUÍS DE CAMÕES.

✓ Encontrará a *Manteigaria* na Rua do Loreto, 2.

✓ Se preferir tomar seu café sentado e com uma linda vista para a cidade e o Tejo, vá até o *Hotel Bairro Lisboa*. Ali mesmo, na Praça Luís de Camões. O *roof top* é perfeito para o atardecer – ou para amanhecer em beleza.

✓ Ou caminhe até o edifício onde há pouco tempo estava instalado o Consulado Geral do Brasil, no número 22 da Praça Luís de Camões. Agora funciona, nesse endereço, o hotel-butique *Le Consulat*. O bar serve uma ótima limonada com manjericão; experimente o refresco sentado numa das mesas altas que dão para a praça. O consulado brasileiro mudou-se para a Rua António Maria Cardoso, ali pertinho.

✓ Outro dos mais famosos cafés da cidade fica bem ao lado da Brasileira. Trata-se da Pastelaria Benard, uma instituição no Chiado desde 1868. A Benard também serve almoços com comida portuguesa.

O Chiado é, sem dúvida, um dos lugares mais concorridos e animados da cidade. Por aqui passam, todos os dias, milhares de turistas. Há várias ruas pelas quais você pode enveredar e muitas opções de passeios.

Uma caminhada pela RUA DO LORETO, que depois passa a ser a CALÇADA DO COMBRO, o fará cruzar o Bairro Alto e a Bica para ver belos prédios e algumas lojas tradicionais, como a *Vellas Loreto* (fabricante de todo tipo de velas desde 1789). Poderá também tirar a teima e comer um pastel de natas na *Aloma*, que fica na mesma rua e concorre, no quesito melhor pastel de nata, com a *Manteigaria*. Não se esqueça de polvilhar os seus pastéis com canela e açúcar!

Partindo da Praça Luís de Camões, desça a Rua do Loreto pelo lado esquerdo para chegar na RUA DA BICA DE DUARTE BELO, uma das ruas mais pitorescas e fotografadas de Lisboa. Você poderá aproveitar a oportunidade para fazer uma viagem no Elevador da Bica, ou poderá passear pela Rua da Bica a pé, para ver o colorido vibrante dos prédios dos séculos XVII e XVIII, com suas roupas e flores à janela.

Incluo, entre os roteiros deste guia, o itinerário que fiz com uma amiga querida – seguindo os Elevadores do centro de Lisboa. Comprando um passe de transporte para o dia, você fará um passeio inesquecível.

Continue a sua caminhada pela Rua do Loreto/Calçada do Combro.

Logo a seguir, chegará à Rua M. Saldanha, que desemboca no imperdível MIRADOURO DE SANTA CATARINA.

Ali mesmo, em frente ao miradouro, encontra-se o MUSEU DA FARMÁCIA, muito bem montado e uma ótima escolha para o público juvenil.

✓ Vale a pena a visita, nem que seja ao restaurante da chef Felicidade, decorado de acordo com o tema do museu e especializado em petiscos – boa opção para o almoço ou para o jantar. Há também um simpático jardim/esplanada dando para o miradouro, ideal para uma pausa com vista.

Volte agora para a CALÇADA DO COMBRO pela rua que escolher. Atravesse a calçada e visite a IGREJA DE SANTA CATARINA.

Essa igreja também é conhecida como *Igreja dos Paulistas*, por ter pertencido ao antigo Convento dos Paulistas. Foi construída no século XVII, mas reformada no século XVIII. Seu interior, completado em 1727, contém uma das mais belas decorações barrocas de Lisboa: talhas douradas (inclusive um órgão em talha dourada que é uma verdadeira obra de arte), teto rococó, um impressionante retábulo-mor e pinturas de dois dos mais conhecidos artistas portugueses do século XVIII: Vieira Lusitano e André Gonçalves.

Continue a descida pela Calçada do Combro. Quando a rua se desdobrar, siga à direita pela Rua Poais de São Bento e vire de novo à direita na Rua do Vale.

Encontrará, do lado esquerdo da rua, o ATELIER-MUSEU JÚLIO POMAR. O espaço é bonito, mas não costuma haver um acervo permanente desse renomado pintor português em exposição, e, sim, mostras temporárias.

Ao fim da Rua do Vale, uma igreja imponente chamará a sua atenção. Trata-se da pouco conhecida IGREJA DAS MERCÊS, ou Igreja de Jesus, que lhe reserva grata surpresa: seus azulejos, de uma riqueza impressionante.

Não deixe de ver a Sala da Passagem. Vá até o fundo da igreja, vire à esquerda e renda-se à beleza dos azulejos barrocos pintados por António de Oliveira Bernardes, que decoram esse incrível corredor que leva do interior da igreja à Rua Eduardo Coelho.

- ✓ Um dos bares *roof top*, com direito a vista, mais badalados da cidade fica na Calçada do Combro, 58. Funciona no sétimo andar de um estacionamento. Chama-se *Park*. Confira, não há muitos bares assim... O *Park* abre às 13:00. Suba até o sétimo andar usando o elevador do parque de estacionamento.
- ✓ O restaurante *Sea Me Peixaria Moderna* (Rua do Loreto, 21), especializado em peixes e mariscos (peixe fresco, que você pode escolher no fundo do restaurante e até levar para casa para prepará-lo como quiser), é uma ótima pedida. O local também funciona como bar e *petiscaria*. Você também pode comer o *prego* da peixaria aqui...
- ✓ Quer ter aulas de cozinha em lugar super charmoso com excelentes chefs locais? Procure a *Feed Me*, na Travessa André Valente, 27, que oferece cursos de cozinha de todos os tipos, para toda a sorte de demanda culinária.
- ✓ A *Prego Sem Estopa*, cujo nome faz referência ao outro tipo de prego, é uma boa loja de decoração. Costuma vender lindos enfeites para árvore de Natal em novembro/dezembro.
- ✓ No *Palácio do Correio Velho*, na Calçada do Combro, 38A, funciona uma casa de *Leilão de Antiguidades, Arte Moderna e Contemporânea*. Se gostar de leilões, confira a programação.

Daqui sugiro *voltar ao Largo do Chiado*, para passear em torno do TEATRO NACIONAL DE SÃO CARLOS. Confira a programação dessa instituição lisboeta, que existe desde 1793. O teatro oferece temporadas líricas, sinfônicas e concertos de câmara, e, quando finda cada temporada, o *Festival ao Largo:* ópera, teatro, música e dança em pleno Largo de São Carlos, com acesso livre.

✓ O restaurante do teatro, *Café Lisboa*, é um dos comandados pelo chef José Avillez, um dos mais conceituados de Portugal. Avillez tomou conta do Chiado com seus vários restaurantes, cada um com uma proposta diferente. É dele o *Belcanto*, considerado o melhor restaurante de Lisboa e detentor de duas estrelas no Michelin – que também fica no Largo de S. Carlos.

✓ Na Rua Anchieta, 15, situa-se o *Alma*, de outro chef estrelado: Henrique Sá Pessoa. De ambiente sóbrio e elegante, faz brilhar a cozinha criativa e excelente do chef. Peça o escalope de foie gras, a calçada de bacalhau, versão chique do Bacalhau à Brás e, de sobremesa, "Mar e Citrinos".

Passeie pela Rua das Flores, pela Rua do Alecrim, pela Rua António Maria Cardoso, pela Rua dos Duques de Bragança...

E, se gostar de arte moderna e contemporânea, visite o MUSEU DO CHIADO-MNACC (Museu Nacional de Arte Contemporânea do Chiado), que fica na Rua Serpa Pinto.

Esse museu foi fundado em 1911, para abrigar a coleção de obras de arte realizadas a partir de 1850, provenientes do antigo Museu Nacional de Belas-Artes. Ocupa o edifício do Convento de São Francisco da Cidade e foi reconstruído em 1994. Hoje acolhe, assim como a coleção de Arte Moderna e Contemporânea, exposições temporárias.

Visto o museu, volte para o Largo do Chiado. E suba a Rua Nova da Trindade, dobrando à direita na Rua da Trindade. Passará pelo Largo Bordalo Pinheiro e por um belo prédio recoberto de azulejos. Trata-se do edifício onde viveu o famoso e polifacético artista e escritor Bordalo Pinheiro.

> Rafael Augusto Bordalo Pinheiro foi um célebre artista português do século XIX. Escreveu e ilustrou livros e trabalhou como jornalista e como professor, mas seu nome ficou especialmente vinculado às suas originais caricaturas e ao seu trabalho como ceramista. Para conhecer melhor suas obras e sua vida, visite o Museu Rafael Bordalo Pinheiro, no Campo Grande (382). Para comprar peças com o seu desenho, idealizadas por ele para a Fábrica das Faianças das Caldas da Rainha, visite a loja da Vista Alegre situada no Largo do Chiado ou – melhor ainda – vá até a Fábrica das Caldas da Rainha. Bordalo Pinheiro morou no Brasil de 1875 a 1879, onde dirigiu jornais satíricos e criou fama como caricaturista.

Chegará, por esse caminho, ao LARGO DO CARMO. Admire os jacarandás centenários e o chafariz do século XVIII e visite as ruínas do CONVENTO DO CARMO (século XIV), que são espetaculares. O Museu Arqueológico merece uma visita.

O Largo do Carmo é encantador, mas você não pode deixar de conhecer os TERRAÇOS DO CARMO, o novo miradouro lisboeta inaugurado em 2015. Situado às costas do Convento do Carmo, conta com uma das sucursais do café/bar *Topo*, o *Topo Chiado*.

✓ Para chegar aos terraços, siga em direção ao acesso para o Elevador de Santa Justa, que está localizado à direita de quem olha para o Convento do Carmo, e desça as escadinhas que encontrará à sua esquerda. A vista é um espetáculo e o lugar é muito charmoso. A minha hora preferida é o cair da tarde, quando a cidade começa a ficar com tons rosas azulados e as luzes dos monumentos se acendem.

Feita uma pausa, volte ao Largo do Chiado e siga pela Rua Oliveira ao Carmo, para descer as pitorescas ESCADINHAS DO DUQUE e dar na lateral da Estação do Rossio, para de lá subir, pela Rua do Carmo, até a Rua Garrett e, assim, continuar o seu passeio pelo Chiado.

- ✓ Confira a programação do *Teatro Trindade*, um dos mais tradicionais da cidade.
- ✓ Quase em frente ao teatro fica a famosa *Cervejaria Trindade*, a mais antiga de Portugal, que vale pelos belos azulejos do século XVIII e por sua história fascinante. Antes uma fábrica de cerveja (Fábrica de Cerveja da Trindade), a cervejaria foi construída no local do antigo Convento da Trindade, do qual só se aproveitaram as paredes e os azulejos com que foi decorada a fachada.
- ✓ Na Rua Nova da Trindade, 1C, encontra-se a *Casa Ferreira*, especializada em artigos para Belas-Artes.
- ✓ Na Rua da Misericórdia, 94, verá uma galeria dedicada à Arte Popular Portuguesa, a *Artes & etc.*
- ✓ Entre o Largo do Carmo e o centro do Chiado, na Calçada Sacramento, 44, fica o restaurante *Sacramento*, ótimo e badalado. Instalado no antigo Palácio Valadares, já teve o seu espaço ocupado por uma cavalariça e uma confeitaria.
- ✓ Há, na mesma rua, uma sucursal da *Casa dos Ovos Moles de Lisboa*, com pequenas mesas para que você possa degustar doces portugueses.
- ✓ O *Faz Gostos*, na Rua Nova da Trindade, 11, é um bom restaurante: serve ótimo polvo com arroz de brócolis e uma apetitosa tomatada com ovos.

Você estará, agora, no CHIADO DE ÁLVARO SIZA VIEIRA, ou NOVO CHIADO. Depois do incêndio, sobrou bem pouco dessa parte da colina, mas o trabalho de reconstrução foi excepcional. O comércio é efervescente e ainda é possível encontrar, aqui, algumas das lojas mais tradicionais de Lisboa.

Subindo a RUA DO CARMO, verá à sua direita a *Luvaria Ulisses*, pequenina mas muito querida; a *Livraria Aillaud & Lellos Limitada*, com a sua fachada art déco, a *Joalharia do Carmo*... Essas são algumas das lojas que não se pode deixar de ver, nem que seja por suas fachadas encantadoras.

✓ Se gostar de fados, há uma pequena camionete parada no meio da Rua do Carmo, onde poderá encontrar várias opções de CDs.

Na RUA GARRETT, uma das artérias centrais do Chiado, está *Paris em Lisboa*, que já ditou moda e hoje se especializa em roupa de cama, mesa e banho (nº 77).

✓ Duas das livrarias mais emblemáticas da cidade, a *Livraria Bertrand* e o *Alfarrabista Sá da Costa*, também marcam presença na Rua Garrett. A Bertrand é a livraria mais antiga de Lisboa e, segundo o *Guinness Book of Records*, a mais antiga do mundo ainda em funcionamento.

✓ Se gostar de sebos/alfarrabistas, passeie pela Rua do Alecrim e pela Rua da Misericórdia. A Barateira, a Livraria Camões, a Livraria Trindade são alguns exemplos de sebos tradicionais.

✓ Há uma loja da *Vodaphone* nos *Armazéns do Chiado*, onde você poderá colocar um chip local no seu celular. Foi aqui nesses Armazéns do Chiado, dos quais só sobrou a fachada, que se originou o incêndio de 1988. Reconstruídos nos anos 90, hoje são um ponto de encontro.

✓ Uma das boas óticas de Lisboa, a *André Ópticas*, foi aberta em 1888 na Rua Garrett, 63.

O CHIADO

- Ao lado da ótica, você encontrará as flores do mimoso *Pequeno Jardim*. Uma graça...
- A *Casa Pereira*, inaugurada em 1930 no número 38 e especializada em chás e cafés, foi outra das lojas que sobreviveram ao incêndio.
- A *Alcoa*, vinda de Alcobaça, acaba de abrir uma sucursal no Chiado com seus irresistíveis doces conventuais: mimos de freira, castanhas de ovos, diplomatas, coroas de abadessa, torresmos do céu, diários de D. Inês e um ótimo café.
- Se tiver interesse em comprar roupa de cama e banho, camisolas, toucas de banho ou sachets bordados, confira as peças de extremo bom gosto criadas pela *Teresa Alecrim*, na Rua Nova do Almada, 76.
- Também na Rua Nova do Almada, 72, fica a *Livraria Ferin*, que existe desde 1840. É a segunda livraria mais antiga de Lisboa e se especializa em livros em francês. Também oferece títulos em inglês, espanhol e italiano.
- Na Rua Ivens, 38, encontra-se a *Galeria João Esteves de Oliveira*, uma galeria de arte moderna e contemporânea dedicada a trabalhos sobre papel.

Caminhe da Rua Ivens até o LARGO DA ACADEMIA NACIONAL DE BELAS-ARTES. E admire a vista da grade do nº 13.

- O famoso restaurante *Tágide* coloca *um elétrico chamado Tágide* – um pequeno bar/quiosque/bonde – em meio ao Largo nos meses de calor. Trata-se de uma homenagem ao decantado Elétrico 28. O Tágide conta com uma varanda com vista impressionante sobre Lisboa e com um bar de tapas e petiscos.

Passeie pelo Largo das Belas-Artes e volte por onde veio, para dobrar à esquerda na Rua Capello.

✓ Não perca a loja de cerâmicas *Loiça ao Kg*. Louças lindas, fabricadas em Portugal e vendidas por quilo. Se não puder carregar peso, console-se levando uma linda andorinha...

Dobre a seguir na Rua Anchieta e visite a loja *A Vida Portuguesa*, uma verdadeira aula sobre as tradições do país.

✓ Na Rua Anchieta acaba de abrir o acolhedor *Café Bertrand*. O café da famosa livraria serve bolos deliciosos, torradas, sopas e bom vinho. É perfeito para uma pequena pausa, com direito a folhear livros e revistas.

✓ Há uma Feira de Alfarrabistas na Rua Anchieta todos os sábados.

✓ Visite a curiosa loja *Anchieta*, que vende gravuras, livros e objetos.

Gire agora à esquerda na Rua Garret e dobre à esquerda na Rua Serpa Pinto.

✓ A loja *Burel* encanta com suas lãs coloridas e seus modelos originais. Burel é um tipo de tecido fiado e fervido. O *design* e a manufatura da *Burel* são portugueses. Mochilas com capuz acoplado, cachecóis com bolso, banquinhos que remetem a ovelhas, mantas deslumbrantes. Visite o andar de baixo para ver o tear mecânico do século XIX.

✓ Esta é a rua da *Tartine*, uma das queridinhas dos locais. Serve refeições ligeiras. É famosa pelos seus *brunchs*. Experimente a tortinha de framboesas.

Suba, agora, a escada que fica ao fundo do Largo do Teatro S. Carlos para chegar ao Largo do Picadeiro. Desça a rua e dobre no fim à direita e, depois, de novo à direita para subir a Rua António Maria Cardoso, onde encontrará o Teatro São Luiz.

- ✓ O *Café no Chiado*, que fica no Largo do Picadeiro, é outro lugar simpático para almoçar ou jantar na saída de uma ópera no São Carlos, ou durante as suas andanças pelo bairro. Tem uma pequena varanda/esplanada com mesinhas que dão para a rua. Experimente os croquetes.
- ✓ Na Rua Duques de Bragança, 7, ficam o *Cantinho do Avillez* e a *Pizza Lisboa*, do mesmo chef.
- ✓ Na Rua António Maria Cardoso, 70 você encontrará a *Atelier 55*, uma loja de artesanato *Made in Portugal* que vende artigos tradicionais.

De volta ao Largo do Chiado, aproveite para entrar na casa-matriz da marca de porcelana portuguesa VISTA ALEGRE. No segundo andar, poderá ver tanto os lindos aparelhos de jantar dessa renomada fábrica de louças, como os copos da *Atlantis* e as peças de cerâmica da *Bordalo Pinheiro* – lagostas, sapos, flores, folhas, frutas, tudo de um *kitsch* absolutamente irresistível.

- ✓ Visite a *Leitão e Irmão Joalheiros*, que se encontra colada à Vista Alegre. Há peças lindas em prata.
- ✓ A *Barbearia Campos*, fundada em 1886, fica na Rua Paiva de Andrade, perto do Largo do Chiado. Ainda há corte de barba à navalha. Charme puro. O atendimento é por ordem de chegada.
- ✓ Para tomar um café ou um drinque com direito a uma vista esplendorosa, vá ao Hotel do Chiado. O bar *Entretanto* é uma surpresa das mais agradáveis.

Se seguir reto e dobrar à esquerda, estará na Rua do Alecrim.

- ✓ Para drinques ou para um almoço leve em belíssimo espaço, a grande pedida é o Palácio do Chiado, que fica na Rua do Alecrim. Nesse palácio do século XVIII recentemente reformado, que foi a residência lisboeta do Marquês de Pombal, há muitas opções, inclusive uma lojinha que vende os sorvetes *Davvero*. Tetos pintados, imponentes escadarias, vitrais... Você recebe um cartão na entrada e consome onde e o que lhe aprouver. Ao final da visita basta entregar o cartão no caixa e pagar a sua conta. Vale a visita.

✓ Na Rua do Alecrim, encontrará alfarrabistas no Centro Antiquário do Alecrim, no número 42; a charmosa *Barbearia Figaro's* no número 43; a *Garrafeira Imperial* no número 47 e a *Luggage Store Lisbon*, um depósito de malas para visitantes, no número 53.

✓ A loja de cerâmicas *Fábrica Sant'Anna* fica perto do Palácio do Chiado, no número 95 da Rua do Alecrim. Produz peças de faiança e azulejos desde 1741, usando, até hoje, os mesmos métodos artesanais.

✓ Na rua seguinte, a Rua das Flores, encontrará, no número 76, a popular tasca *Das Flores*, que só abre para o almoço. Croquetes, pastéis de bacalhau, alheiras...

✓ Próximo à Praça Luís de Camões, na Rua da Horta Seca, há um *Luggage Locker*, onde você pode guardar as suas malas.

Todas as ruas desse centro do Chiado são lindas. A Rua das Flores, a Rua da Emenda...

Desça pela Rua das Chagas e pare para ver a Travessa da Laranjeira, com suas escadinhas. Pela Travessa da Laranjeira chegará à Igreja das Chagas. O passeio vale pelos belos edifícios e pela caminhada prazerosa.

Volte pela Travessa da Condessa do Rio (a do *Restaurante Pharmacia*).

Terminadas as suas andanças pelo Chiado, escolha onde arrematar o dia. Não faltam restaurantes, cafés, bares, esplanadas, terraços, *roof tops*...

Você estará no Chiado, a dois passos do Bairro Alto, do Príncipe Real ou do Cais do Sodré.

É só escolher aonde quer ir e rumar para lá, tendo em conta que alguns estabelecimentos funcionam com reserva.

✓ O site www.thefork.pt/lisboa pode ser útil para reservar uma mesa.

✓ A revista *TimeOut* é uma ótima pedida para localizar bons restaurantes. Além de um número semanal, publica a *TimeOut Lisboa Autumn/Winter* e a a *TimeOut Lisboa Spring/Summer* e traz sempre dicas excelentes.

✓ O site e a revista *LisbonLux* também dão ótimas dicas e servem para tirar dúvidas e teimas. Basta colocar o bairro em que você está para obter uma lista dos melhores restaurantes e bares, com direito a foto.

❖ 7 ❖

Estrela, Madragoa e Lapa

Basílica da Estrela |
Jardim da Estrela |
Elétrico 25E |
Museu das Marionetes |
Rua das Janelas Verdes |
Museu Nacional de Arte Antiga/ Museu das Janelas Verdes |
Lapa |
Rua de São Bento |
Praça das Flores |

A BASÍLICA DA ESTRELA é uma das maiores igrejas de Lisboa. Dá nome ao bairro que a circunda e ao agradável jardim que está localizado bem na sua frente, o JARDIM DA ESTRELA.

De estilo barroco, a basílica abriga o túmulo de Dona Maria I, que a mandou construir em 1779 para comemorar o nascimento de seu filho – falecido antes da conclusão das obras.

A basílica tem uma cúpula rococó que pode ser vista de perto, caso se anime a subir os 212 degraus que levam até o miradouro. Lá de cima você poderá admirar uma bela vista do rio Tejo. O maior presépio de Portugal, feito com terracota e cortiça pelo escultor Machado e Castro, fica dentro da igreja.

O ELÉTRICO 25E tem uma de suas paradas principais bem em frente à basílica e faz um simpático passeio até a vizinhança do Museu das Janelas Verdes, serpenteando pelas ladeiras de três bairros lisboetas: a Estrela, a Madragoa e a Lapa.

Você também pode fazer o percurso a pé, mas o passeio de bonde é uma delícia e fará você economizar as pernas para o que vem depois.

✓ Bem ali perto, na Calçada da Estrela, encontrará uma das *Casas dos Ovos Moles em Lisboa*, especializada nos tentadores doces d'ovos portugueses: ovos moles de Aveiro, pão-de-ló, queijinhos, trouxas d'ovos. A loja também vende louças portuguesas e tem um pequeníssimo salão de chá.

✓ Na Rua dos Navegantes, 53, mora o restaurante *Loco*, detentor de uma estrela Michelin.

O Elétrico 25E vai descendo em direção ao rio em curvas sinuosas, mostrando casas lindas através de suas janelas. Aproveite o passeio!

Desça na esquina da IGREJA DE SANTOS-O-VELHO para começar a sua caminhada.

A igreja tem um lindo teto e uma pia batismal com painel de azulejos. Não deixe de ver o coro.

✓ A *Garrafeira dos Santos*, ao lado da igreja, é uma das boas lojas de vinhos que existem na cidade. A garrafeira faz envios para o Brasil, os EUA, a Europa e a Austrália.

Você está, agora, entre a pitoresca MADRAGOA, uma área popular junto à foz do Tejo, e o elegante bairro da LAPA.

Bem perto, no Convento das Bernardas, você poderá visitar um museu fabuloso: o MUSEU DA MARIONETA. É só rumar para a Rua da Esperança, 146.

Quer esteja viajando com crianças, quer não, esse é um museu como poucos. Extraordinariamente bem montado, mostra marionetes de todo o mundo, de forma didática e fascinante.

- ✓ Bem na frente do Museu da Marioneta verá o *Caldo Verde*, que faz jus ao nome: serve um dos melhores caldos verdes de Lisboa e boa comida caseira. Abre aos domingos.
- ✓ Dentro do Convento das Bernardas funciona o restaurante *A Travessa*. Em dias de bom tempo é possível comer no claustro.
- ✓ Na Rua da Esperança há uma série de petisquerias e tabernas. Só é preciso considerar que essa rua muda de personalidade a partir das 18 horas...
- ✓ Falar em Madragoa sem mencionar a tradicional *Varina da Madragoa*, uma tasca que serve um bom Bacalhau a Brás dentre outras especialidades feitas com o peixe, é missão impossível! Pataniscas, bacalhau ao forno, bacalhau gratinado... Situada no número 34 da Rua das Madres, a *Varina* era frequentada pelo escritor José Saramago.
- ✓ O simpático restaurante *Guarda-Mor* manda buscar os seus clientes em *tuk tuk* no estacionamento mais próximo, de terça a sábado. Nas noites de quarta há fados. O menu é simples e muito português. Rua Guarda-Mor, 8.

Caminhe, agora, pela Rua das Janelas Verdes para chegar à *York House*, o hotel mais antigo da cidade de Lisboa. Antes um convento, essa residência para hóspedes ingleses – que chegavam à cidade de navio – remonta a 1890.

O MUSEU NACIONAL DE ARTE ANTIGA ou MUSEU DAS JANELAS VERDES é, sem dúvida, o mais importante de Lisboa. Está instalado no Palácio de Alvor-Pombal, construído no século XVII, e no espaço do antigo Convento das Albertas.

O acervo do Janelas Verdes contém obras do século XII ao século XIX: pinturas europeias, esculturas, objetos de arte, arte sacra, arte oriental, arte africana e uma bela amostra da pintura portuguesa. Imperdível!

Não deixe de ver: os dois pares de biombos Nambam, que retratam a chegada das caravelas portuguesas ao Japão em 1543 (os *namban jin* eram os bárbaros do sul, ou seja, os portugueses); os *painéis de São Vicente de Fora*, atribuídos a Nuno Gonçalves, e as *Tentações de Santo Antão*, de Hieronymus Bosch.

Também há, no museu, exposições temporárias. Pode-se aceder a elas ou à simpática cafeteria do museu pela porta lateral, sem ter que pagar ingresso. O jardim é lindo e é o lugar ideal para um almoço ao ar livre, ou para fazer uma pausa com vista para o Tejo.

Ao sair do Museu das Janelas Verdes encontrará, bem na frente do edifício do museu, o Largo Dr. José de Figueiredo, com o chafariz que o enfeita. Suba pela sua esquerda para chegar à Rua do Olival, paralela à Rua das Janelas Verdes.

Você estará começando um belo passeio a pé pela Lapa.

✓ Na Rua do Olival, bem na frente do Largo, fica a *Boulangerie*, um ótimo café/padaria onde se pode comprar/comer pães e croissants e fazer uma refeição leve. O menu muda todos os dias. Aos domingos há um *brunch* tido como dos melhores de Lisboa. Tanto é assim que o espaço da Boulangerie acabou de ser ampliado.

Siga pela Rua do Olival até chegar à Rua de S. Domingos, vire à esquerda na Rua do Prior e depois à direita na Rua do Pau da Bandeira, para chegar ao luxuoso *Lapa Palace* (antigo Hotel da Lapa), onde poderá tomar um chá ou pedir um drinque.

A Lapa é um bairro nobre, com belíssimos palacetes e lindas casas. É aqui que ficam muitas das residências das Embaixadas estrangeiras. Mantém-se como bairro residencial. Ainda assim, é possível encontrar algum que outro atelier ou alguma que outra pequena loja.

Quando passar pelo Lapa Palace, dobre à direita na Rua do Sacramento à Lapa e repare na exuberante casa do número 26. Trata-se de uma casa de leilões – instalada ao lado da embaixada americana.

Logo em seguida, dobre à esquerda na Rua de S. Domingos e à direita na Rua da Lapa.

A Rua da Lapa muda de nome para Rua de Borges Carneiro, e você pode descer por ela até a Calçada da Estrela. Trata-se, porém, de uma rua sem grande charme, de modo que, se você preferir, pode continuar o trajeto seguindo a Rua Almeida Brandão.

✓ A confeitaria *Cristal* é famosa por seus pastéis de nata. Experimente. Rua Buenos Aires, 25A.

Você estará, agora, ao lado da ASSEMBLEIA NACIONAL e da RUA DE SÃO BENTO, que vale uma caminhada. Nela você encontrará desde uma livraria especializada em viagens pelo mundo a *concept stores*, antiquários, lojas de bric-à-brac, restaurantes, padarias, açougues... Também ficam nessa rua a CASA-MUSEU AMÁLIA RODRIGUES (nº 191) e a loja da fábrica de vidros da Marinha Grande, o incrível *Depósito Marinha Grande* (nº 418).

✓ A *Cavalo de Pau*, doublé de antiquário e *bric-à-brac*, tem móveis originais e peças interessantes de decoração.

✓ A melhor loja de molduras que já conheci, *Sufel*, fica no número 402 da Rua São Bento.

✓ A livraria *Palavra de Viajante*, situada no nº 31, é um verdadeiro paraíso para aqueles que gostam de viajar: oferece uma ampla seleção de guias de todo o mundo, em espaço muito bem concebido e atraente, e promove conversas sobre viagens.

✓ O *Café de São Bento* (nº 212) é, de longe, o restaurante mais conhecido da rua. Aberto para almoço e jantar, serve a mesma especialidade há 30 anos: bife à Café de São Bento com batata frita. É um lugar ideal para os noctívagos, já que fica aberto até as 2 da manhã.

✓ Outras boas opções das redondezas são o italiano *Il Matriciano* e o *XL*, a que se vai para comer carne e/ou soufflé.

Subindo a Rua Nova da Piedade em direção ao Palácio de São Bento (hoje Assembleia da República), chega-se ao jardim da PRAÇA DAS FLORES, onde, além de um simpático quiosque, há vários restaurantes e cafés. Esse jardim é um oásis: absolutamente ideal para uma pausa em dia de calor.

Uma vez que tiver feito a sua pausa, você poderá chegar, com fôlego renovado e em poucos minutos, ao Príncipe Real, no Bairro Alto, ao Chiado ou ao Largo do Rato. É só escolher! Poderá, até, voltar para a Madragoa e jantar numa tasca típica.

✓ É na Rua Nova da Piedade que fica a *Nannarella*, considerada por muitos como a melhor sorveteria da cidade.

✓ E *La Pizza di Nanna*, "la pizza che fà croc", a pizza al taglio da Nannarella, feita por *pizzaioli* italianos.

✓ Se optar por continuar o passeio subindo a Calçada do Combro em direção ao Chiado encontrará, no número 123 da Rua do Poço dos Negros, a *Companhia Portugueza do Chá*. Se gosta de chás, a loja é um *must* absoluto.

8

Dos Marqueses de Fronteira à Avenida da Liberdade

Palácio dos Marqueses de Fronteira |
Fundação Calouste Gulbenkian |
Centro de Arte Moderna |
Parque Eduardo VII |
Praça Marquês de Pombal |
Avenida da Liberdade |
Museu Medeiros e Almeida |
Elevador do Lavra |
Campo dos Mártires da Pátria |
Restauradores |

O PALÁCIO DOS MARQUESES DE FRONTEIRA talvez seja o palácio mais memorável que você poderá ver em Lisboa. Seus azulejos internos e externos são de deixar qualquer um boquiaberto: batalhas, anjos, macacos, gatos, reis, figuras mitológicas.

O palácio, construído no século XVII como pavilhão de caça para o primeiro Marquês de Fronteira – e ainda hoje habitado pelos seus descendentes –, tem que ser visto em visita guiada; portanto, fique atento aos horários e programe a sua visita.

É possível conhecer só o jardim, que é uma verdadeira galeria de azulejos, listados entre os mais notáveis do mundo. Há uma fonte enfeitada com cacos dos pratos usados para servir o rei quando o palácio foi inaugurado. Segundo a usança da época, os pratos não podiam ser reutilizados.

O palácio fica um pouco longe do centro histórico, mas confie em mim e vá até lá!

Ao finalizar sua visita aos Marqueses de Fronteira, rume para a FUNDAÇÃO CALOUSTE GULBENKIAN.

Calouste Sarkis Gulbenkian, um armênio-britânico pioneiro no setor de exploração de petróleo, foi um grande mecenas e dono de uma das maiores coleções particulares do mundo, com mais de 6.000 obras de arte: arte egípcia, assíria, grega, japonesa, pinturas europeias, tapeçarias, móveis, esculturas e um espaço especialmente dedicado às belíssimas peças de vidro e às joias de René Lalique, um dos grandes expoentes do *art nouveau*. A coleção é soberba. Vá, nem que seja para ver a sala dedicada a Lalique.

✓ A Fundação Calouste Gulbenkian doou ao governo brasileiro, e ao Rio de Janeiro, o Centro Calouste Gulbenkian, criado em 1971, na Praça Onze.

Você pode se perder nos belos jardins da Gulbenkian... Há pequenos caminhos, passarelas, pontes, esculturas, teatro a céu aberto; tudo isso em meio a uma vegetação exuberante e de grande diversidade, que interage com as coleções expostas. Visite o jardim com o mapa ilustrado, que poderá encontrar na recepção da fundação, junto à livraria, e que funciona como guia de biodiversidade urbana.

✓ A Gulbenkian conta com três cafés: a cafeteria do Centro Interpretativo Gonçalo Ribeiro Telles, onde você pode parar para tomar um café com bolos, degustar um gelado artesanal ou fazer uma refeição leve; a cafeteria principal, que serve almoços e lanches em ambiente concorrido e descontraído (prove o Pato à Braz com abobrinhas); e a cafeteria do Centro de Arte Moderna. Todas as três dão para os jardins, têm mesas do lado de fora e são frequentadas por lisboetas e turistas.

✓ Se gostar de cartazes, não deixe de ver a coleção de belos *posters* da loja do museu. Confira, também, as ótimas livrarias da Gulbenkian, que sedia salas para conferências e concertos. Se gostar de música, verifique a programação, que costuma ser sensacional. No verão há concertos ao ar livre (procure o folheto *Jardim de Verão*).

O CENTRO DE ARTE MODERNA, que igualmente faz parte da Fundação Gulbenkian, foi inaugurado em 1983 e detém a maior coleção de arte portuguesa dos séculos XX e XXI, assim como obras de artistas estrangeiros. As exposições variam; o visitante nunca verá a mesma coisa. No verão, há concertos de jazz.

✓ O *El Corte Inglés* fica perto da Fundação Gulbenkian. Gosto da loja, que oferece várias marcas, artigos de todo o tipo e um excelente supermercado. Mas não recomendo comer nem tomar café lá. Em compensação, o *Club del Gourmet* vale uma visita: vinhos excelentes e bolo da Landeau para você levar para casa, além de outras guloseimas notáveis.

✓ Se não gostou da ideia de almoçar nos *self-services* da Gulbenkian, pode fazê-lo no *Laurentina, o Rei do Bacalhau*. Rua Conde Valbon, 71. Peça o bacalhau com couves (couvada de bacalhau) e acompanhe com o vinho Cabeça de Burro.

✓ Outra boa pedida é *O Talho*. Mais um restaurante do chef Kiko, desta feita especializado em carnes, na Rua Carlos Testa, 1. Prove o *steak tartare* ou os croquetes.

✓ Para fazer uma refeição leve ou tomar um café, o *Linha d'Água*, um *self-service* localizado no topo do Parque Eduardo VII, é um lugar muito aprazível. Em dias de sol é perfeito, se a ideia for a de fazer uma pausa ao ar livre. De dentro tem-se a vista do Parque.

✓ Se desejar uma opção mais elegante, com linda vista, o restaurante *Eleven*, um dos melhores de Lisboa, fica ali ao lado, no topo do Parque Eduardo VII.

Do alto do PARQUE EDUARDO VII tem-se mais uma vista espetacular de Lisboa. Não deixe de ir ao miradouro do Parque. De lá você poderá descer até a Praça Marquês do Pombal, para continuar o seu passeio pela Avenida da Liberdade.

A AVENIDA DA LIBERDADE, sem dúvida a mais imponente de Lisboa, é belíssima. Vai da Praça do Marquês de Pombal à Praça dos Restauradores.

Concentra o maior número de lojas de luxo da cidade e é a 35ª avenida mais cara do mundo. Há quem diga que essa avenida lisboeta equivale aos Champs-Élysées, por conta de suas alamedas arborizadas e seus edifícios elegantes, muitos deles recuperados recentemente. Com toda a razão: a Avenida da Liberdade, que substituiu o antigo Passeio Público, foi construída, entre 1879 e 1886, justamente para emular os *boulevards* parisienses.

Caminhe pelas calçadas portuguesas para ver as lojas de perto, ou pelo centro da Avenida para apreciar as esculturas, os quiosques e a arquitetura das fachadas.

Na Rua Rosa Araújo, que sai do lado direito da avenida, dobre à direita, para visitar, no número 41, a CASA-MUSEU MEDEIROS E ALMEIDA. Pouco conhecido, o museu vale a visita. Esse palacete do século XIX foi uma das casas do bem-sucedido empresário português António de Medeiros e Almeida (1895-1986), um colecionador de artes decorativas do século II ao século XX, apaixonado por aviões e automóveis, que teve a ideia de transformar a sua casa em museu, em 1972. Para esse efeito, mandou construir uma segunda área de exposição no espaço antes ocupado pelo jardim.

Veja, logo na entrada desse museu que abriu suas portas para a visitação pública em 2001, o filme sobre a vida desse homem fascinante. A casa foi mantida tal qual ele a deixou.

✓ Em junho, nas Festas dos Santos Populares, a cidade fica cheia de quermesses e de arraiais. Vira uma grande festa junina! Centenas de pessoas vêm celebrar Santo António, São João e São Pedro na Avenida da Liberdade, onde desfilam as marchas populares de cada bairro. Se estiver em Lisboa nessa época, não perca os festejos, nem o desfile.

✓ No tradicional Cinema São Jorge há matinês para crianças nos fins de semana.

✓ A Cinemateca de Lisboa oferece boa programação de filmes, e a Sociedade Nacional de Belas-Artes, bons cursos e boas exposições de arte. Ambas ficam na Rua Barata Salgueiro (uma rua depois da rua do Museu Medeiros de Almeida).

Feita a visita ao Museu Medeiros de Almeida, volte, agora, para a Avenida da Liberdade.

Se se esgueirar na Travessa do Salitre, logo adiante, sempre do lado direito da avenida, poderá ver a interessante entrada art déco do Teatro Maria Vitoria.

Atravesse, agora, a avenida para dobrar, na altura do Largo da Anunciada, à esquerda. Chegará na Calçada do Lavra e no elevador que leva o mesmo nome.

O ELEVADOR DO LAVRA sobe até a Freguesia da Pena, o bairro onde nasceu Amália Rodrigues, a mais famosa dentre as fadistas portuguesas. Subindo, terá à sua espera mais um miradouro, o MIRADOURO DO TOREL.

> Sai mais barato e é mais prático comprar um ticket de um dia no Metro para fazer uso do Elevador.
> Se preferir e tiver tempo, faça, com o ticket de um dia, o *Tour dos Elevadores*. O passeio começa justo aqui, no Elevador do Torel.

A subida neste elevador é curtinha e o levará a um lugar incrível.

Ao subir, dobre à direita para visitar o cativante *Torel Palace*, com direito a linda vista sobre Lisboa e atendimento jovem e simpático. Pode-se ir até lá para tomar um café ou um drinque.

Do lado oposto ao *Torel Palace* estarão à sua espera o MIRADOURO DO TOREL e o jardim que leva o mesmo nome, outrora um jardim particular. O lugar é muito aprazível, mas o detalhe mais divertido é o de que, nos meses de verão, é trazida até aqui areia da praia para transformar o entorno da fonte, com estátua de sereia (e água salgada), na Praia do Torel!

O Miradouro do Torel, situado no alto de uma das sete colinas de Lisboa, mostra o outro lado da cidade e fica num bairro lindo, rodeado de grandes mansões.

Passeie pela Rua Júlio de Andrade até dar no CAMPO DOS MÁRTIRES DA PÁTRIA. Verá o Edifício Sede da Faculdade de Medicina e a sede lisboeta do *Goethe Institut*, vizinho à embaixada da Alemanha. O Campo dos Mártires da Pátria, com o seus galos e patos soltos, é assombroso. Você estará a

A Praça do Rossio, ou D. Pedro IV, ao anoitecer

Convento do Carmo, que ruiu no terremoto de 1755 e nunca foi reconstruído, e os Terraços do Carmo ao anoitecer

ELZA MARIA DA COSTA E SILVA LIMA

Ana da Costa e Silva

Detalhe da Torre de Belém, erguida na Época dos Descobrimentos para defender a Barra do Tejo

VÁ A LISBOA E ME LEVE COM VOCÊ!

A monumental perspectiva dos Jerónimos (século XVI)

O claustro em estilo manuelino do Mosteiro dos Jerónimos

ELZA MARIA DA COSTA E SILVA LIMA

O Miradouro de Santa Luzia com sua vista sobre Alfama e o rio Tejo

O Bar Procópio, no Alto de São Francisco

VÁ A LISBOA E ME LEVE COM VOCÊ!

A Rua Augusta, que liga a Praça do Comércio à Praça do Rossio

Dora Lopes

Detalhe de escultura no Arco da Rua Augusta, inaugurado em 1875

Elza Maria

ELZA MARIA DA COSTA E SILVA LIMA

O charme da escadaria lisboeta

VÁ A LISBOA E ME LEVE COM VOCÊ!

A Praça Luís de Camões com seu belo piso em pedra portuguesa

ELZA MARIA DA COSTA E SILVA LIMA

Dora Lopes

Ana da Costa e Silva

Tuk Tuk, um jeito diferente de passear pela cidade

Dora Lopes

A Ponte 25 de Abril vista do Museu de Arte, Arquitetura e Tecnologia (MAAT)

VÁ A LISBOA E ME LEVE COM VOCÊ!

O Mosteiro de São Vicente de Fora, exemplo do maneirismo em Portugal

O Elevador da Bica e o Elétrico 28, duas atrações imperdíveis

ELZA MARIA DA COSTA E SILVA LIMA

Desenho de René Lalique na Fundação Gulbenkian

Detalhe de azulejos do Palácio dos Marqueses de Fronteira

VÁ A LISBOA E ME LEVE COM VOCÊ!

O Elevador de Santa Justa com vista para o Castelo de São Jorge

ELZA MARIA DA COSTA E SILVA LIMA

Café com bolos, deliciosa tradição

VÁ A LISBOA E ME LEVE COM VOCÊ!

As coloridas e divertidas louças da Bordalo Pinheiro

Detalhe do painel O Casamento da Galinha no Museu Nacional do Azulejo

ELZA MARIA DA COSTA E SILVA LIMA

Os jardins do Palácio Nacional de Queluz, do século XVIII

O Palácio da Pena, em Sintra, uma das Sete Maravilhas de Portugal

VÁ A LISBOA E ME LEVE COM VOCÊ!

O portal das Capelas Imperfeitas do Mosteiro da Batalha

A Praia da Comporta, apontada entre as melhores de Portugal – e certamente uma das mais badaladas

ELZA MARIA DA COSTA E SILVA LIMA

Óbidos, no distrito de Leiria: uma típica vila da Idade Média

Beja, uma das mais antigas cidades portuguesas, enfeitada para as Festas dos Santos Populares

VÁ A LISBOA E ME LEVE COM VOCÊ!

5 minutos da Avenida da Liberdade, vivenciando uma Lisboa totalmente diferente.

> No verão há um festival de jazz no jardim interno do Goethe.

Volte para a Avenida da Liberdade, descendo pelo Elevador do Lavra ou pela Rua do Telhal. Estará, agora, a poucos passos da PRAÇA DOS RESTAURADORES.

Verá, à sua direita, o Palácio da Foz (que conta com uma das oficinas de turismo de Lisboa), o Hotel Orion Eden (antigo cineteatro), que manteve intacta sua fachada entre o art déco e o estilo futurista, e, logo a seguir, a Estação do Rossio.

A marca registrada dessa praça, carinhosamente conhecida como *Restauradores*, é o obelisco de 30 metros de altura que compõe o monumento que lhe dá o nome. Inaugurado em 1886, o Monumento aos Restauradores celebra a libertação de 1640, quando findaram os 60 anos de domínio espanhol e foi restaurada a Coroa portuguesa.

Aproveite o seu ticket de transporte e suba com o ELEVADOR DA GLÓRIA até o Bairro Alto – ou continue o seu passeio caminhando pela Baixa.

- ✓ Se estiver viajando com crianças ou adolescentes, ou for fã do *Hard Rock Café*, a filial lisboeta fica do outro lado da praça, num antigo cinema.
- ✓ Os tradicionais restaurantes *Gambrinus* e *Solar dos Presuntos* ficam perto do Elevador do Lavra.
- ✓ Assim como o Chiado remete ao chef Avillez, a Avenida da Liberdade faz pensar no chef Olivier. Gosto muito do *Guilty*, que serve hambúrgueres e pizzas em forno de lenha. Rua Barata Salgueiro, 28. Se quiser comer em restaurante mais sofisticado, experimente o *Olivier Avenida*, que oferece menus

degustação e ocupa um belo espaço. Rua Júlio César Machado, 7.

✓ Na Rua do Salitre, 117, fica *Os Tibetanos*, um dos restaurantes vegetarianos mais antigos e conhecidos da cidade. Faz parte da escola budista localizada no andar de cima.

✓ Também na Rua do Salitre você encontrará, ao lado do consulado da Espanha, um *Speak Easy Bar*, o *Red Frog*. Procure um sapo vermelho na parede e toque a campainha. Alguém virá abrir a porta e lhe dizer se pode entrar. Os drinques são originais e o espaço remete aos bares escondidos da época da Lei Seca americana.

✓ A cervejaria e marisqueira *Pinóquio*, nos Restauradores, parece uma armadilha para turistas mas é muito tradicional e tem bons preços. Açorda de mariscos, bacalhau e um célebre *pica-pau* (pedacinhos de carne com azeite, alho e louro) são algumas das especialidades.

✓ Abriu, recentemente, na Avenida da Liberdade, 182, o badalado JNcQUOI. Faz parte da *Fashion Clinic*, uma loja multimarcas. Pode-se comer na barra ou no restaurante. Não deixe de pedir os pastéis de leite creme. Divinos.

✓ Se gostar de perfumes exclusivos, procure a *Embassy*. Rua Rodrigues Sampaio, 89.

❖ 9 ❖
As Avenidas Novas

Igreja de São Sebastião da Pedreira |
Casa-Museu Dr. Anastácio Gonçalves |
Igreja Nossa Senhora de Fátima |
Praça de Touros |
Avenida da República |
Palácio Galveias |
Culturgest |
Campo Grande |
Palácio Pimenta |
Jardim Bordalo Pinheiro |
Lumiar |
Museu do Traje |
Museu do Teatro |
Paço do Lumiar |

Esse roteiro, na realidade, complementa o anterior. Cheguei a pensar em incluir essas atrações como parte do percurso da Avenida da Liberdade ou, ainda, como uma alternativa ao passeio anterior, mas há tanto o que ver…!

A Igreja de São Sebastião da Pedreira, a Casa-Museu Anastácio Gonçalves e a Igreja Nossa Senhora de Fátima ficam muito próximas da Gulbenkian. Mas faz mais sentido vê-las no contexto do que se conhece por AVENIDAS NOVAS.

Em meados do século XX, Lisboa começou a se expandir para longe do rio Tejo. Muitos bairros foram surgindo ao norte da cidade. Bairros com avenidas largas permeadas de palacetes ao gosto da *Belle Époque,* alguns deles com tempero *art nouveau* e *art déco.* A essas avenidas largas, com muitas casas construídas por portugueses que enriqueceram no Brasil, deu-se o nome de Avenidas Novas. A minha preferida é a Avenida da República, bem mantida e imponente, onde ainda é possível admirar belos edifícios do início do século passado.

Situada na Rua de São Sebastião da Pedreira, mais precisamente no largo do mesmo nome, a IGREJA DE SÃO SEBASTIÃO DA PEDREIRA foi fundada na época de D. João IV e é uma das poucas igrejas que sobreviveram ao terremoto de 1755. Inaugurada em 1652, o seu interior barroco e tipicamente português contrasta com a fachada de extrema simplicidade. Por dentro, é ricamente decorada por painéis de azulejos azuis e brancos, que retratam a vida de São Sebastião, e por talhas douradas.

Da Igreja caminhe até a CASA-MUSEU DR. ANASTÁCIO GONÇALVES. Vale a pena conhecer esse museu pouco visitado, nem que seja pelos bem mantidos e ilustrativos ambientes de uma época. A atual Casa-Museu Dr. Anastácio Gonçalves, um projeto do arquiteto Norte Júnior datado de 1904-05, foi mandada construir pelo célebre pintor português José Malhoa, que queria que a casa funcionasse como sua moradia e ateliê de trabalho. Em estilo art nouveau, foi a primeira casa-de-artista da capital. A "Casa- Malhoa" foi adquirida em 1932 pelo Dr. Anastácio Gonçalves (1889-1965), que ali viveu e organizou sua coleção até o ano de sua morte. Em 1969, por vontade expressa do colecionador, esse edifício da Avenida 5 de Outubro, 6 foi legado ao Estado português.

✓ Você estará muito perto da famosa confeitaria *Versailles*, um clássico das Avenidas Novas e talvez a mais tradicional pastelaria de Lisboa. Existe desde 1922 e são várias as especialidades pelas quais é conhecida. Apesar do ar algo decadente, ainda é bem amada pelos lisboetas e pelos turistas, que vêm aqui lanchar ou almoçar.

✓ Se gostar de éclairs, confira a *L' Éclair*, uma pastelaria francesa que fica perto da Versailles e serve "bombas", como dizem os brasileiros, para todos os gostos. Avenida Duque d'Ávila, 44.

Aproveite para visitar, também, a IGREJA NOSSA SENHORA DE FÁTIMA, que chegou a dar nome a essa *freguesia*, conhecida como Nossa Senhora de Fátima antes de passar a chamar-se freguesia de Avenidas Novas. Siga pela Avenida Marquês de Tomar até a Avenida de Berna para encontrar esse exemplo do estilo modernista. A Igreja Nossa Senhora de Fátima tem muito de art déco. Com sua fachada em linhas retas, suas esculturas angulosas, os magníficos vitrais de Almada Negreiros e seu poético batistério, é um belo exemplo da arquitetura da primeira metade do século XX.

Você estará próximo, agora, de Campo Pequeno.

E da impressionante PRAÇA DE TOUROS, inaugurada em 1892. Basta seguir pela Avenida de Berna.

Confira a programação da Praça de Touros. Vale a pena assistir a uma tourada à portuguesa. Se a corrida de touros for de gala, os cavaleiros vestem-se com roupas do século XVIII e os forcados com trajes do fim do século XIX. As carruagens, introduzidas na arena na época de Filipe III, acrescentam pompa ao espetáculo.

Em Portugal, a tradição é a de não matar os touros na arena.

> A Praça de Touros de Campo Pequeno conta com um diminuto museu, dedicado à Tauromaquia Portuguesa, que só recomendo para entendidos ou fãs de touradas. E com um centro comercial em seu subsolo. É também utilizada para concertos e espetáculos, fora da temporada das corridas de touros.

Caminhe, agora, da Praça de Touros até o vizinho Palácio Galveias, onde acaba de reabrir, depois de ampla reforma, a BIBLIOTECA MUNICIPAL PALÁCIO DAS GALVEIAS.

Esse palácio, com seu belo jardim, foi construído como casa de campo para os Marqueses de Távora no século XVII, quando essa zona de Lisboa ainda não era parte do centro da cidade. A Biblioteca, muito luminosa e toda enfeitada por azulejos, dispõe de instalações estupendas e é frequentada por um público jovem. O jardim tem um quiosque antigo e é perfeito para descansar entre uma caminhada e outra. Fica de frente para o Edifício Sede da Caixa Geral de Depósitos, na Rua do Arco do Cego, onde funciona a CULTURGEST.

> A CULTURGEST é um centro cultural muito dinâmico, com programação intensa durante o ano inteiro: exposições, teatro, concertos, espetáculos de dança, conferências, cinema. Confira. O edifício da Caixa, de estilo pós-modernista, é impactante.

Vistas as redondezas de Campo Pequeno, continue o passeio no CAMPO GRANDE para visitar o Museu de Lisboa e o Museu Bordalo Pinheiro. Convém pegar um táxi ou o metro (estação Campo Grande).

O PALÁCIO PIMENTA sedia, na verdade, o núcleo principal do MUSEU DE LISBOA, que dispõe de outros quatro núcleos: o Teatro Romano, o Museu de Santo António, o Torreão Poente da Praça do Comércio e o núcleo arqueológico da Casa dos Bicos.

Nesse antigo palácio de meados do século XVIII, que tem belas salas decoradas por lindos azulejos, registra-se a história de Lisboa por meio de coleções de objetos arqueológicos, pinturas, desenhos e móveis. Não perca a maquete que mostra como era a cidade antes do terremoto de 1755. E passeie pelo jardim, onde se encontram os pavilhões que abrigam as exposições temporárias, com suas grandes janelas dando para o verde. Foi aqui que vieram parar, veja só, os inúmeros pavões que costumavam ocupar o jardim do Palácio Galveias. Visite, muito especialmente, o inesperado JARDIM RAFAEL BORDALO PINHEIRO, com seus incríveis e divertidos bichos em cerâmica. Mesmo porque é só atravessar a rua para admirar um pouco mais esse artista tão eclético quanto popular.

O MUSEU BORDALO PINHEIRO possui a maior coleção de obras de Rafael Bordalo Pinheiro.

São cerca de 1200 peças de cerâmica, 3500 gravuras, 3000 pinturas e desenhos e 1300 publicações, além de outros documentos e fotografias.

As peças de cerâmica não são as estrelas principais da coleção. Aqui é dada ênfase ao lado de caricaturista e cronista de Bordalo, já que boa parte da coleção exposta pertencia a Cruz Magalhães, um grande admirador do artista, que era, também ele, poeta e panfletário. Foi Cruz Magalhães quem encomendou, em 1913, o projeto desse museu.

No museu há uma biblioteca que pode ser consultada.

O Campo Grande não fica tão longe assim do LUMIAR...

E é no Lumiar que você poderá visitar dois museus adoráveis: o Museu do Traje e o Museu Nacional do Teatro e da

Dança. Os dois são vizinhos. Pode-se chegar de metro: a estação de Lumiar fica a 5 minutos a pé dos museus.

O MUSEU DO TRAJE ocupa o espaço do Palácio Angeja-Palmela, que leva esse nome por ter pertencido às duas famílias. Emoldurada por um lindo jardim criado no século XVIII, a coleção de trajes e acessórios está muito bem exposta, e o museu conta com um simpaticíssimo restaurante, conduzido pelas mulheres da mesma família (mãe e filhas) há anos. No verão pode-se comer no terraço, voltado para a linda vista do jardim. Uma delícia! Esse era outro dos programas preferidos de minha mãe.

O museu é anexo ao Parque Botânico do Monteiro-Mor. Adoro a loja do museu...

O MUSEU NACIONAL DO TEATRO E DA DANÇA está instalado no Palácio Monteiro-Mor, um edifício do século XVIII onde moraram dois Monteiros-Mores. O nome também foi dado ao Parque Botânico. O palácio foi restaurado e adaptado para abrigar o museu, cuja coleção começou a ser amealhada em 1979: figurinos, cenários, cartazes, programas e fotografias. E uma biblioteca especializada.

Aproveite e dê uma volta pelo PAÇO DO LUMIAR, que é uma graça de lugar. Prédios lindos, quintas e capelinhas.

❖10❖
O Parque das Nações

Estação do Oriente |
Oceanário |
Pavilhão de Portugal |
Pavilhão do Conhecimento |

A melhor maneira de chegar ao Parque das Nações, construído para sediar a Expo 98, é o metro. Desça na Estação do Oriente e comece o seu passeio admirando a própria estação, idealizada pelo famoso arquiteto espanhol Santiago Calatrava.

Essa era uma zona de Lisboa sem qualquer atrativo, até ser escolhida para acolher a Exposição Internacional de Lisboa de 1998, que comemorou os 500 anos dos Descobrimentos Portugueses, e transformar-se num exemplo internacional de renovação bem sucedida de uma área urbana.

O tema da Expo 98 foi "Os Oceanos: um Patrimônio para o Futuro".

Dando ênfase a essa escolha, construiu-se o maior aquário do mundo – e um dos mais espetaculares. O OCEANÁRIO é, hoje, uma das grandes atrações de Lisboa.

Idealizado pelo arquiteto – especialista em aquários – Peter Chermayeff, reproduz cinco oceanos e mostra, de maneira absolutamente única, numerosas espécies (aves, mamíferos, peixes e outros animais) que convivem com o mar.

Além do aquário, o oceanário também sedia uma instituição de pesquisa sobre Biologia Marinha e Oceanografia.

O PARQUE DAS NAÇÕES, nome com que foi batizado o local que sediou a Expo, foi erguido à beira do rio Tejo, na parte mais oriental de Lisboa. Dos pavilhões construídos, destaca-se, além da Estação do Oriente e do oceanário, o PAVILHÃO DE PORTUGAL, obra do premiado arquiteto português Álvaro Siza Vieira, com a sua enorme pala, que desafia a gravidade, funcionando como um grande toldo de concreto.

São também dignos de nota o PAVILHÃO ATLÂNTICO, agora MEO ARENA, com seus ares de nave recém-chegada de Marte, usado para abrigar os shows mais concorridos da cidade, o CASINO e a TORRE LISBOA (com vista panorâmica sobre o Tejo e um restaurante de luxo no topo).

O parque está realmente debruçado sobre o Tejo, e você poderá ver, bem de perto, a maior ponte da Europa, a PONTE VASCO DA GAMA.

Para além de muita arte, de vulcões de água, de banquinhos agradáveis para descansar entre uma caminhada e outra, de teleféricos que você pode usar para ver o parque de cima, de inúmeras esplanadas e de várias opções de cafés e restaurantes, você não pode deixar de visitar o extraordinário PAVILHÃO DO CONHECIMENTO – Centro de Ciência Viva, especialmente se estiver com crianças. Esse museu, totalmente interativo, faz com que adultos e crianças possam experimentar, de forma didática e divertida, a Ciência e a Tecnologia.

Vale passear por ali com ou sem crianças, mas ir a Lisboa com elas e não levá-las ao Parque das Nações é crime... Há muito espaço para correr, pular e brincar e muita coisa para descobrir. Trata-se de um programa familiar como poucos.

Sugiro evitar os dias muito quentes. O parque ainda não conta com grandes árvores e o calor pode ser insuportável. Se for inevitável ir em dia de calor, a alameda embaixo do teleférico conta com um jardim onde você poderá recuperar o fôlego e se refrescar entre uma atração e outra.

O SHOPPING VASCO DA GAMA, com seu teto transparente, é muito luminoso e agradável. Tem boa oferta de lojas e uma praça de alimentação bem sortida. Se o dia estiver bonito, você poderá comer no terraço do shopping, com vista para as atrações da Expo.

✓ Se, entretanto, preferir não comer num dos restaurantes do parque, uma boa opção é a CASA DO BACALHAU, que ocupa o espaço das Cavalariças do Conde de Lafont no bairro do Beato. O Beato é outro dos bairros de Lisboa que estão sendo renovados, e é bem interessante. O restaurante fica na Rua do Grilo, 54. Peça o Bacalhau à Braz e as pataniscas e não deixe de experimentar o leite creme, um dos melhores que já provei.

Na volta do passeio pelo Parque das Nações, você também poderá parar, se não tiver tido a oportunidade de fazer isso, no Museu dos Azulejos. Para visitar o MUSEU E A IGREJA MADRE DE DEUS, que são imperdíveis, veja o Roteiro 4.

11

O Tour de Elevadores da Bia

Elevador do Lavra |
Elevador da Glória |
Elevador da Bica |
Elevador de Santa Justa |

Esse é um tour divertido, criado por uma amiga que conhece todos os cantos e recantos de Lisboa. É coisa que se pode fazer num só dia, ideal para quem dispõe de pouco tempo, ou para quem quer rever o que já viu e ter tempo para conhecer coisas novas!

Para andar nesses quatro elevadores você percorrerá algumas das ruas mais pitorescas da cidade – combinando quatro roteiros diferentes e podendo escolher onde parar e o que fazer pelo caminho.

Não se iluda, trata-se de um *tour de force!*

Comece o passeio nos Restauradores, onde poderá comprar, na estação do metro, o bilhete de transporte que lhe dará acesso a todos os elevadores durante um dia.

Com seu bilhete em punho, dirija-se ao Largo da Anunciada para chegar ao primeiro elevador do tour, o ELEVADOR DO LAVRA. Veja o Roteiro 8 para saber o que fazer quando chegar ao topo.

Ao voltar ao Largo da Anunciada, atravesse a Avenida da Liberdade para subir no ELEVADOR DA GLÓRIA até o Miradouro de São Pedro de Alcântara. Use os Roteiros 5 e 6, se precisar de dicas, ou opte por caminhar sem compromisso até o próximo elevador, escolhendo o seu percurso e parando nos lugares que for descobrindo pelo caminho.

O ELEVADOR DA BICA fica no Chiado, em pleno burburinho turístico, do lado de outro miradouro, o de Santa Catarina. Desça por ele até a Rua de São Paulo. Você estará a dois passos da Praça de São Paulo, do Mercado da Ribeira e do Cais do Sodré. Use, agora, a parte final do Roteiro 1 de forma invertida.

Se suas pernas ainda não estiverem em pane, caminhe pela beira do Tejo até a Praça do Comércio, para chegar, por uma das ruas que sobem até o Rossio, ao ELEVADOR DE SANTA JUSTA – também conhecido como Elevador do Carmo – quem sabe se, com um pouco de sorte, ao cair da tarde.

Esse é um tour que parece curtinho mas não é, porque várias serão as tentações no decorrer do percurso. Você poderá visitar monumentos que não conhece, entrar em lojas convidativas, andar por ruas por onde ainda não circulou.

Se estiver com crianças, trata-se de uma boa maneira de mantê-las entretidas. Elas poderão encontrar os elevadores no mapa de Lisboa e ajudar você a dar com eles!

Como sei que a noite, em Lisboa, é um verdadeiro acontecimento, pedi a quem entende do riscado que colaborasse com este capítulo. Alice pareceu-me a escolha perfeita. Filha de uma brasileira e de um português, cursa Comunicação Social na Universidade Católica Portuguesa e domina o tema como poucos, do alto de seus 20 anos.

A NOITE LISBOETA | Alice Machado

Eu adoro a noite de Lisboa e para mim é, sem dúvida, das melhores da Europa. Ao contrário de muitas outras cidades, onde a noite dura até 1:00/2:00 da manhã, em Lisboa pode durar até o nascer do dia. Além disso, dá para sair à vontade porque é bastante segura. Um dos aspetos de que eu gosto mais é que todas as pessoas se juntam para beber na rua. Muito barulho, grandes multidões e vizinhos gritando das janelas para fazer silêncio (às vezes até jogam água em cima das pessoas) é a típica noite portuguesa. Na Europa não é fácil encontrar isso, visto que em muitos lugares é proibido beber na rua. Em Portugal, por lei, a rigor também é, mas ninguém parece seguir essa regra!

Os lisboetas conseguem ser bem divertidos e simpáticos e estão sempre prontos para festejar qualquer coisa. São raras as noites em que se fica em casa. Sair para aproveitar é um lema, nem que seja só para beber uma imperial. Já perdi a conta das vezes em que fui para o Bairro Alto com 10€ no bolso. Existem lugares que vendem uma cerveja pequena por 0,50 cêntimos. Nós, os jovens, damos à cerveja o nome de "jola", ainda que seja chamada de "imperial" por todos os portugueses.

De quinta-feira a sábado é quando todas as pessoas decidem sair, sendo que a noite de quinta-feira é a minha preferida. É, por tradição, a noite dos estudantes da faculdade. Muitos jovens, festas universitárias, festas de Erasmus (intercâmbio), *pub crawl*, tem de tudo! Os *pub crawl*, "rally-tascas" em Portugal, são uma ótima forma para conhecer a noite de Lisboa, se você for jovem e turista. Existe um guia que leva as pessoas a vários bares; em cada um há uma bebida diferente, já incluída no preço que você paga inicialmente (normalmente por volta dos 10€).

Sempre achei que a noite lisboeta tem o poder de conseguir agradar a todos: seja para apenas beber uns copos ou um café, ou para ir a uma discoteca até mais tarde. No entanto, na maior parte das vezes, aquela que era só uma cervejinha se torna uma noite bem longa!

Existem duas zonas principais da cidade que ficam cheias de pessoas quando anoitece: o Bairro Alto e o Cais do Sodré. O Bairro Alto é uma das áreas mais antigas do centro da cidade e está repleto de bares e restaurantes. O Cais do Sodré, não muito longe do Bairro Alto, congrega bares mais modernos e que estão mais *in* agora entre o público lisboeta.

A rua principal do Cais do Sodré é a Rua Cor de Rosa, onde se encontram muitos dos melhores bares de Lisboa. Um deles é a PENSÃO AMOR. Esse famoso bar e antigo bordel é um dos preferidos entre os portugueses e os estrangeiros. Tem um tema burlesco e apresenta uma *vibe* diferente dos outros, quase que nos transpondo para outra realidade, outra época.

O FOXTROT é dos bares mais icônicos de Lisboa. Não sai de moda: os meus pais costumavam ir nesse bar e agora quem vai sou eu. É localizado numa rua com pouco movimento no Príncipe Real e pode tornar-se um pouco difícil de encontrar da primeira vez. Tem apenas um letreiro com o nome e uma porta pequena, verde escura. Parece ter parado nos anos 50. É ideal para uma noite mais relaxada, para beber um gin por exemplo. O *staff* é bastante simpático e acolhedor.

O BOM, O MAU E O VILÃO, outro dos bons bares da cidade, tem algumas parecenças ao Foxtrot. Localizado na Rua Cor de Rosa, está composto por várias salas decoradas de formas diferentes, criando um ambiente intimista. É perfeito para um início de noite no Cais do Sodré e tem grande qualidade e variedade de *cocktails* e *drinks*. Frequentemente há música ao vivo, normalmente para pessoas com um gosto mais refinado (jazz, por exemplo).

Considerado por muitos o melhor *British Pub* de Lisboa, o THE GEORGE PUB é um *must go* para quem gosta de um bom *Sports Bar*. Atrai sempre muitas pessoas da comunidade britânica, passa esportes na tela e tem música ao vivo. Domingo à noite há um *quizz* muito divertido de participar, em que a equipa vencedora ganha 50€ para gastar em bebidas! O ambiente no interior é *classy*, com um teto alto, pilares de pedra e lustres grandes e luminosos. É situado na Baixa-Chiado.

Também localizado na Baixa-Chiado, o DELIRIUM CAFÉ é o lugar indicado para apreciadores de cerveja. Tem na carta 25 tipos diferentes de cerveja de pressão. O ambiente é rústico e descontraído, decorado com barris de madeira. Oferece aos seus clientes a possibilidade de jogar *snooker* de graça.

A dois passos de uma das principais avenidas de Lisboa, a Avenida da Liberdade, se localiza o bar RED FROG, que acabou de ser eleito um dos 100 melhores bares do mundo. É um bar inspirado na época da lei seca dos Estados Unidos.

O conceito de "*Speakeasy*" surgiu porque as pessoas tinham que falar baixo nos bares que vendiam álcool ilegalmente, para não alertarem as autoridades. A carta de bebidas é bastante variada e há *cocktails* de autor, sendo os preços um pouco mais elevados do que o normal em Lisboa. Esse bar tem pouca rede de celular, tornando-se o local perfeito para conviver e desfrutar da noite. O elemento surpresa do Red Frog é uma sala secreta, que só é aberta em algumas noites, num horário mais tardio.

Lisboa tem muitos bares de qualidade, sendo impossível conhecer todos quando se tem pouco tempo. No entanto, no que toca a discotecas, aconselho a ser mais seletivo. Nem todos os clubes são realmente bons em Lisboa. As discotecas mais populares são fáceis de nomear e de encontrar.

A melhor discoteca de Lisboa é, sem dúvida, o LUX FRÁGIL. O Lux oferece sempre um ótimo ambiente e diversos tipos de música, com a presença de cantores e DJs. Tem duas pistas de dança distintas e um terraço com vista para o rio. Costuma-se dizer que no Lux é onde se encontram as pessoas mais descoladas e interessantes de Lisboa. É conhecida também por ter alguma exclusividade e, por isso, requer uma ligeira formalidade no vestuário.

O URBAN BEACH é o segundo clube mais conhecido em Lisboa. Tem um ambiente muito bonito e cuidado, com luzes que iluminam o espaço inteiro e uma varanda com piscina (sendo que é proibido entrar na piscina), aberta durante o verão, para os clientes apreciarem o incrível nascer do sol em cima do rio. O Urban Beach tem três salas diferentes: a pista principal passa música *house* e *pop*; a segunda pista, conhecida por Wonder, passa *hip-hop* e *R&B*; a última e mais pequena sala se chama Box e se limita a música *techno*. O Urban é direcionado para um público mais jovem.

O MUSIC BOX é uma discoteca que requer menos preparações, pois tem um ambiente mais alternativo. Apresenta muitos eventos: *Dj's sets*, concertos para todos os gostos, festas temáticas. Localizada no Cais do Sodré, a Music Box não tem qualquer letreiro na porta e é uma espécie de caverna. O melhor dessa discoteca é que nela todas as noites são diferentes e apresentam surpresas.

COPENHAGEN é um bar/disco que já existe há mais de 40 anos no Cais do Sodré. É indicado para todas as idades, mas costuma ter uma concentração de um público mais velho, talvez por passar muita música dos anos 80. É o local indicado para dançar e beber sem gastar em demasia.

A noite de Lisboa é para todas as idades e para todos os gostos. É uma noite que tem um toque especial, eu diria que mágico. Para os jovens, não existe melhor sentimento do que sair pelas ruas de Lisboa bebendo e conversando, sem ter hora para acabar!

Bate-Volta
Os Arredores de **Lisboa**

❖12❖
A Linha de Cascais

Cais do Sodré |
Alcântara-Mar |
Belém |
Algés |
Oeiras |
Carcavelos |
Estoril |
Monte Estoril |
Cascais |
Guincho |
Cabo da Roca |

Este é um passeio que você poderá fazer de comboio (trem), utilizando a LINHA ou ligação ferroviária que vai da estação do Cais do Sodré, no centro de Lisboa, à estação de Cascais. A última parada do trem fica a dois passos do centro da vila de Cascais.

Se puder, faça o passeio de carro – para ter mais liberdade de movimentos e poder ir um pouco mais longe, conhecendo assim, os pontos turísticos que ficam além de Cascais, como a Praia do Guincho e o Cabo da Roca.

É comum ouvir alguém dizer que mora na Linha.

Em geral, é desta Linha – que também inclui Paço de Arcos, Caxias, Santo Amaro, Parede, São Pedro e São João de Estoril – que se está falando.

Você também poderá ouvir uma referência à *Riviera Portuguesa*. Ou à Costa do Estoril. Ou à Costa do Sol. Todos esses nomes se aplicam à costa dos municípios de Cascais, Oeiras e Sintra.

É possível esticar o seu passeio e chegar a Sintra. Mas, se houver tempo, sugiro dedicar um dia inteiro à que considero uma das cidades mais românticas de Portugal.

A LINHA guarda várias surpresas.

Ver o rio Tejo se misturando com o mar em Oeiras – como se os dois fossem uma coisa só – não deixa de ter o seu encanto.

É nesse lindo passeio pela orla que se percebe como o mar faz parte de Lisboa e da vida de seus habitantes. Escolha um dia ensolarado! No verão, você verá que as praias ficam absolutamente lotadas.

O comboio que percorre a Linha de Cascais sai do Cais do Sodré. Você passará por Alcântara e por Belém e poderá fazer a sua primeira parada em ALGÉS. Se preferir, também pode chegar a Algés de bonde: o ELÉTRICO 15E sai da Praça da Figueira ou do Cais do Sodré, fazendo um percurso absolutamente adorável.

Algés fica vizinha ao elegante bairro do Restelo, onde há grandes mansões – muitas delas ocupadas por residências de embaixadas. Perto da estação você verá uma grande casa azul. Trata-se do PALÁCIO ANJOS, onde funciona, desde 2006, o Museu-Galeria de Arte Manuel de Brito ou CENTRO DE ARTE MANUEL DE BRITO. O museu abriga 105 obras da coleção de arte portuguesa do século XX de um dos maiores galeristas de Lisboa.

Manuel de Brito reuniu um grande número de peças dos artistas portugueses que costumava expor na Galeria 111, fundada em 1964: Almada Negreiros, Amadeo de Souza-Cardoso, Paula Rego, Júlio Pomar, Vieira da Silva, Carlos Botelho, Joana Vasconcelos, entre outros. O famoso galerista também representava, na 111, artistas brasileiros como Sérgio Camargo, Thomaz Ianelli, Arthur Luiz Piza.

O parque que circunda o Palácio Anjos é muito agradável. Foi aqui em Algés que morou, com sua família, Manuel de Brito.

✓ O restaurante *Tio Candinho*, especializado em *tapas*, ao qual se pode chegar a pé, é uma simpatia. Ótima comida portuguesa. Rua Dom Jerónimo Osório, 10.

✓ Em Algés, há um mercado com lugares para comer mariscos.

A sua próxima parada será em OEIRAS, onde há uma concorrida piscina pública, cheia de água do mar, e um centro histórico muito simpático.

Em frente à Câmara Municipal de Oeiras verá uma bela edificação: o PALÁCIO DO MARQUÊS DE POMBAL ou Palácio do Conde de Oeiras. Residência oficial de um dos homens mais importantes da história de Portugal, foi erigido na segunda metade do século XVIII em terras legadas ao marquês por seu avô paterno.

O lugar é muito bonito. O palácio não tem recheio algum, mas a visita nem por isso se torna menos interessante. Ao contrário: é fascinante tentar imaginar como o palácio era decorado.

A arquitetura da Quinta de Oeiras, a bela capela dedicada a Nossa Senhora das Mercês, a profusão de azulejos, de decorações em estuco e tetos pintados, o magnífico jardim com fontes, cascatas e cais, não deixam dúvidas sobre a riqueza de Sebastião José de Carvalho e Melo. Para se ter uma ideia, a água circulava pela casa, o que para a época era uma extravagância.

Procure fazer a visita com a guia do palácio, para ouvir todas as histórias que ela tem a contar sobre essa quinta, onde se produzia (e se produz, ainda que em menor escala) azeite, vinho, frutas e cereais de maneira modelar. Se, entretanto, preferir visitar o palácio por conta própria, use o folheto explicativo, que servirá como boa orientação.

Passando Oeiras, você estará em CARCAVELOS.

Foi aqui que apareceram os primeiros surfistas de Portugal. A juventude chega cedo à praia e há muitas escolas de surfe. O mar é raso e se presta às primeiras aventuras dos iniciantes.

Todas as quintas-feiras, perto da estação da CP de Carcavelos, há uma grande feira, onde se pode encontrar de tudo um pouco. A famosa *Feira de Carcavelos* é a mais antiga dos arredores de Lisboa.

✓ O restaurante *A Pastorinha* é conhecido pelo seu arroz de mariscos descascados e pelas fondues que serve no inverno. Fica na Avenida Marginal, sobre o mar.

Você estará chegando ao ESTORIL, um dos balneários mais famosos da costa, onde desponta, na praça principal, o Casino com o mesmo nome.

✓ Uma das pastelarias mais famosas de Lisboa fica no Estoril: a *Garrett*, que tem clientela fiel desde 1934 e é apreciada por seus bolos, muito especialmente o bolo-rei. Avenida de Nice, 54.

✓ A cafeteria-lounge *Pedra do Sal* é um lugar super aprazível para tomar um café. Servem boas torradas com manteiga. Também pode-se pedir uma imperial no fim do dia. Fica

em São Pedro do Estoril, sobre o mar. A vista é um verdadeiro presente.
✓ Se gostar de comida chinesa, um dos melhores chineses de Lisboa, o *Mandarim*, funciona dentro do Casino do Estoril.
✓ O Hotel Palácio Estoril serve miniaturas de pastéis de nata.
✓ Já o Intercontinental tem um terraço-bar muito simpático, com linda vista para o mar.

Próxima parada: CASCAIS!

Essa é a vila balneário mais amada da Riviera Portuguesa, destino certo da maior parte dos turistas que visitam Lisboa e um dos endereços mais cobiçados por aqueles que preferem evitar a cidade, e podem se permitir o luxo de vir morar aqui.

Não é à toa que Cascais é uma das vilas com mais habitantes em Portugal. Só não foi classificada como *cidade* por motivos turísticos.

Há muito o que ver e fazer em Cascais.

Em torno da Alameda dos Combatentes da Grande Guerra encontrará um bom comércio e ruelas charmosas por onde se perder. O Centro Histórico de Cascais tem ares de vila piscatória, com suas casinhas à antiga e suas pequenas igrejas. A Marina tem muito encanto: é uma delícia deixar-se ficar um pouco por aqui...

Cascais sempre foi um endereço nobre. Em 1870 foi esse o local escolhido pelo Rei Luís I de Portugal para passar o verão com sua família. Ao construir uma casa à beira-mar, atraiu outros membros da aristocracia e da realeza europeia, como o Duque de Windsor e Juan Carlos da Espanha – que encontraram refúgio político na Riviera Portuguesa.

Na Fundação D. Luís I ou CCC, Centro Cultural de Cascais, que ocupa o antigo Convento de Nossa Senhora da Piedade, você poderá comprar um bilhete único que lhe dará acesso ao BAIRRO DOS MUSEUS, ou seja, a todos os museus de Cascais. Sai muito mais em conta e pode ser utilizado durante um dia, à sua escolha.

Eis as atrações que fazem parte do Bairro dos Museus:

- CENTRO CULTURAL DE CASCAIS. Exposições temporárias.
- CASA DAS HISTÓRIAS PAULA REGO. Dedicada à obra dessa pintora excepcional e a exposições temporárias, a casa, concebida pelo prêmio Pritzker Eduardo Souto Moura, tem arquitetura muito original.
- MUSEU CONDES DE CASTRO GUIMARÃES. O museu mais antigo de Cascais. Remonta a 1890 e pertencia ao aristocrata Jorge O'Neill, que encomendou, para compor a arquitetura romântica, uma torre de estilo medieval, a Torre de S. Sebastião.
- CASA DE SANTA MARIA. Desenhada por Raul Lino em 1902, fica do lado da casa de Jorge O'Neill, que a mandou construir para a filha. Mostra elementos decorativos do movimento inglês *Arts & Crafts*. Lindos azulejos, alguns dos séculos XVI e XVII, outros de autoria do próprio Lino. Hospedou os duques de Windsor, Juan Carlos de Espanha e Richard Nixon, entre outras personalidades.
- FAROL MUSEU DE SANTA MARIA.
- MUSEU DA VILA. O Museu de Cascais conta a história da vila desde a pré-história.
- FORTE S. JORGE DE OITAVOS. Importante peça de defesa da barra do rio Tejo.
- PALÁCIO DA CIDADELA DE CASCAIS. Recentemente reabilitado, foi a antiga casa do governador da Cidadela. Transformado em residência de verão da família real por D. Luís em 1870, quando a importância estratégica de Cascais já não era a mesma, foi também – e voltou a ser desde a reabilitação – a residência de verão dos presidentes da República.

Também fazem parte do Bairro dos Museus:

- Museu da Música Portuguesa/Casa Verdades de Faria, em Monte Estoril.
- Parque Palmela.
- Casa Reynaldo dos Santos e Irene Virote Quilhó dos Santos, hoje um centro de documentação especializado em Medicina e História da Arte.
- Casa do Cartoon.
- Casa Duarte Pinto Coelho: antigo edifício da Casa dos Guardas do Palácio Condes de Castro Guimarães, exibe as coleções do reconhecido decorador português Duarte Pinto Coelho, que conviveu com Coco Chanel, Maria Callas, Truman Capote, Amália Rodrigues e Henry Kissinger.
- Casa Sommer: Arquivo Histórico Municipal e a Livraria Municipal de Cascais.
- Fortaleza Nossa Senhora da Luz (reaberta ao público recentemente).
- Museu do Mar Rei D. Carlos e Marégrafo de Cascais. O primeiro marégrafo de Portugal, para o qual se pode agendar uma visita.
- Forte de S. Jorge de Oitavos.

Como se pode ver, o bilhete único vale a pena...

✓ A Pousada de Cascais encontra-se no complexo da Cidadela. Não deixe de conferir o belo pátio aberto ao público. E de visitar a *Déjà Lu*, uma livraria solidária. A venda de todos os livros (usados, mas em muito bom estado) reverte para o apoio à integração social de jovens com trissomia 21 (síndrome de Down).

✓ A *Casa da Guia* está situada num palacete do século XIX: a *Guia*, antiga casa de verão dos condes de Alcáçovas. Debruçada sobre a falésia, é um espaço amado por muitos. Bares, lojas, restaurantes dando para o mar, ambiente alegre e descontraído.

✓ O Mercado de Cascais vende peixe fresco, mas tem também espaços dedicados à gastronomia. Sushi bar, bares, petiscos, tascas.

✓ Para um café com pastéis de nata, confira a Nata, na Alameda dos Combatentes da Grande Guerra.

✓ A *House of Wonders* é uma Galeria-Café-Rooftop-Mezze Bar. Comida natural, especialidades vegetarianas, vista para a baía de Cascais, ambiente zen. Largo da Misericórdia, 53.

✓ Se estiver procurando um lugar charmoso para tomar chá com amigos, faça uma reserva na *Casa da Pérgola*. Este *bed & breakfast*, com fachada em estilo "Raul Lino", cai de charme. Avenida Valbom, 13.

✓ Pode-se almoçar no agradável café-restaurante do museu Casa das Histórias Paula Rego.

✓ Uma tasca muito simples e genuína é o *Restaurante Vela Azul*. Servem um ótimo peixe. Travessa Conde Castro Guimarães, lote 2.

✓ O *Caffè Italia, ristorante-pizzeria*, é um clássico há anos, e um dos preferidos dos italianos que moram em Lisboa. Bom ambiente e ótima comida italiana. Rua do Poço Novo, 1.

✓ O *Dom Manolo*, outro clássico de Cascais, serve frangos corretos, com batata frita. Ideal para a gurizada.

✓ O Hotel *Albatroz* é perfeito para *um copo* no fim da tarde, com vista magnífica!

✓ O Restaurante *Luzmar* Cervejaria, no centro de Cascais, é uma ótima opção. Fica na Alameda dos Combatentes da Grande Guerra.

- ✓ O *Mar do Inferno*, especializado em frutos do mar, está localizado na famosa Boca do Inferno, outro dos lugares que você poderá visitar.
- ✓ O *Hotel Grande Real Villa Itália* tem um terraço bonito de frente para o mar. Ideal para um café ou drinque.
- ✓ Outro lugar perfeito para um drinque olhando o mar é o *Farol Hotel*.

Esse é um passeio em que você estará beirando o mar, rodeado de peixes por todos os lados.

A PRAIA DO GUINCHO não é famosa só pela beleza natural, nem pela movimentação dos surfistas e dos adeptos do kitesurf e do windsurf. Também é conhecida pelos ventos que sopram nas suas falésias. Essa é, justamente, uma das razões da sua popularidade. Prenda o cabelo e leve um casaquinho se não for durante os meses de verão! O Guincho também é procurado pelos excelentes restaurantes à sua volta, talvez dos melhores da região, e todos eles debruçados sobre o mar.

- ✓ O *Mestre Zé* é famoso pela cataplana de mariscos.
- ✓ O *Porto de Santa Maria* é considerado o melhor e mais caro de todos.
- ✓ O *Panorama* serve ótimas amêijoas com coentro, pastéis de bacalhau e peixe no pão – ou no sal.
- ✓ O *Monte Mar*, além de oferecer um pãozinho ótimo, serve estupendos filetes de pescada com arroz de berbigão e um bacalhau à Gomes de Sá digno de nota.
- ✓ O *Faroleiro* é conhecido por seu arroz de mariscos.

Rume, agora, para o CABO DA ROCA, o ponto mais Ocidental da Europa continental. Verá, na ponta do cabo, o monumento com essa inscrição de Camões:

> "Aqui onde a Terra se acaba e o Mar começa..."

Se o vento permitir, siga pelo caminho de terra que verá à sua esquerda para se aproximar ainda mais do mar.

Aos domingos, a frequência é curiosa: o Cabo da Roca vira ponto de encontro de motoqueiros, que vêm com as motos mais diversas para trocar ideias com seus pares, cumprindo uma tradição que começou com os *Hells Angels*.

O farol, o terceiro mais antigo de Portugal, foi encomendado pelo Marquês de Pombal.

Não será difícil terminar esse seu dia na Linha. Tenho a certeza de que você decidirá deixar-se ficar por aqui, num dos inúmeros e sedutores bares ou restaurantes à beira-mar.

❖13❖
Sintra, uma cidade romântica

Centro de Sintra |
Palácio Nacional de Sintra |
Castelo dos Mouros |
Parque e Palácio Nacional da Pena |
Quinta da Regaleira |
Palácio dos Seteais |
Palácio e Parque de Monserrate |
Convento dos Capuchos |
Chalet da Condessa de Edla |
Colares |
Cabo da Roca |

Sintra é uma das cidades mais românticas que conheço! Como dizia Eça de Queiroz:

"Tudo em Sintra é divino, não há um cantinho que não seja um poema".

Situada em meio a uma vegetação mágica que forma uma verdadeira floresta encantada, Sintra é pontilhada por castelos e casas que podem inspirar qualquer filme de conto de fadas. Hans Christian Andersen, que entendia do riscado, refere-se assim a um dos palácios da cidade (*Uma visita a Portugal*, 1866):

"Verdadeira vinheta das mil e uma noites... uma visão de conto de fadas".

Ainda que se tenha tornado parada obrigatória para multidões de turistas, e que você tenha que competir com todos eles, Sintra o seduzirá com seu microclima, sua arquitetura e suas ruas e estradas, assim como cativou Henry Fielding, Coleridge, Wordsworth, Lord Byron – que dizia que a vila de Sintra talvez fosse a mais bonita do mundo –, Tennyson, Isaac Bashevis Singer e Glauber Rocha, que escolheu morrer ali ("Sintra é um belo lugar para morrer") – aos 42 anos.

Você pode chegar a Sintra de carro – o que talvez seja uma aventura, pois é difícil estacionar em alguns dos pontos mais turísticos – ou de trem, pegando um comboio na estação do Rossio. Há comboios de 15 em 15 minutos e a viagem dura pouco mais de meia hora.

Para circular por Sintra, recomendo vivamente o uso do *double decker*, o ônibus vermelho de dois andares. Eu sei, eu sei, Sintra não é Londres. Mas vá por mim: é a melhor opção. Procure ser um dos primeiros da fila para conseguir um bom lugar no andar de cima. Ver Sintra do alto é um espetáculo! Vale a pena.

O *double decker* para em todas as principais atrações e você pode *Hop-on, Hop-off*, ou seja, subir ou descer quantas vezes quiser em 14 paradas, usando dois roteiros.

Se você chegar a Sintra de trem, há uma parada na Estação de Caminhos de Ferro. Se chegar de carro, pare o mais perto possível do Palácio Nacional de Sintra, visite o centro dessa vila que se recusa a receber estatuto de cidade e faça o passeio de ônibus a partir daí.

Gosto de começar o passeio no centro, com uma visita ao PALÁCIO NACIONAL DE SINTRA ou um café com *travesseiros* na famosa *Piriquita*.

✓ A *Antiga Fábrica de Queijadas A Piriquita* é a mais antiga pastelaria de Sintra. Trata-se de um negócio familiar que remonta a 1820 e que é cuidado, hoje, pela sétima geração da mesma família. Os carros-chefes são as queijadas, os travesseiros e os pastéis de Sintra, mas tudo é bom: as torradas, as sandes, as carcaças.

✓ Perto da *Piriquita* há várias lojas de artesanato. São muito atraentes, ainda que os preços costumem ser um pouco salgados. Nunca resisto. Caminhar por ruas pitorescas atulhadas de souvenires coloridos é mais forte do que eu.

O PALÁCIO NACIONAL DE SINTRA, ou Paço da Vila de Sintra, que foi utilizado pela família real portuguesa até o fim da monarquia, em 1910, é um monumento que ganha pontos de visita em visita. Cada vez que vou, gosto mais, talvez porque faça novas constatações e descobertas – ou porque a mistura de estilos e épocas seja mesmo atraente. Aqui você poderá apreciar elementos medievais, góticos, manuelinos, renascentistas e românticos.

Ainda que o Palácio da Pena chame mais atenção por seu colorido e seus ares dignos de desenho animado do Walt Disney (dizem que Disney se inspirou no Palácio da Pena quando criou o da Bela Adormecida), é este o palácio de Sintra com mais elementos arquitetônicos, e o que melhor ilustra o percurso das artes decorativas portuguesas.

Não há como não se sentir atraído por sua marca registrada: o enorme par de chaminés cônicas pertencentes à belíssima cozinha desse palácio real que teve início no século XIII e até antes, já que aproveitou um palácio mouro, erigido na época do domínio muçulmano, a Alcáçova da vila. Janelas em arco, pátios, azulejaria mudéjar, tapeçarias *millefleurs*, tetos pintados. Só a incrível riqueza da Sala dos Brasões já vale a visita.

Continue o seu passeio nas ruínas do CASTELO DOS MOUROS, construído num dos pontos mais altos da Serra de Sintra, em torno do século X, após a conquista muçulmana da Península Ibérica. Ao longo dos caminhos que rondam o que sobrou dessa importante fortificação, há belíssimas vistas e interessantes escavações arqueológicas.

Se tiver seguido o meu conselho e estiver a bordo de um flamante *double decker*, pare, agora, no irresistível PALÁCIO NACIONAL DA PENA, fruto da associação do criativo rei-consorte D. Fernando II (príncipe da Casa Saxe-Coburgo-Gota, segundo marido de D. Maria II, filha mais velha de D. Pedro I do Brasil, e primo da Rainha Vitória e do Príncipe Albertos) com o viajado alemão e arquiteto-amador Barão Von Eschwege. Esse foi o palácio preferido da rainha D. Amélia, que aqui residiu até o fim da monarquia.

Eleito uma das Sete Maravilhas de Portugal, o palácio, construído no século XIX, inclui referências arquitetônicas de influência manuelina e mourisca, e vem a ser o primeiro palácio da Europa a ter sido idealizado no estilo romântico, do qual é um dos maiores exemplos no mundo.

O edifício, com suas torres e torreões, pode ser visto desde qualquer ponto do Parque Nacional da Pena, tendo sido erguido sobre o topo da Serra de Sintra, no mesmo lugar ocupado, no século XV, por uma pequena capela e, no século XVI, por um convento de madeira da Ordem de São Jerónimo. D. Fernando II comprou as ruínas do convento, a cerca, a mata e o Castelo dos Mouros, para ali construir uma residência de verão para a família real. Mandou pintar a zona do antigo convento de vermelho, e a nova construção, erguida por volta de 1850, de amarelo.

O parque, que ocupa uma área de 200 hectares e foi idealizado por D. Fernando II como um grande jardim romântico, tem caminhos tortuosos, pavilhões, lagos, chalés, bancos de pedra e plantas dos quatro cantos do mundo, tirando partido do microclima úmido de Sintra. Há mais de 500 espécies de árvores neste jardim luxuriante.

> As filas para visitar o Palácio da Pena costumam ser gigantescas e até desanimadoras. Caso prefira evitá-las, confira o horário de abertura do palácio e chegue nessa hora, ou faça a visita no fim do dia.
>
> Há um veículo que leva da entrada até o palácio em si. Sugiro utilizá-lo pelo menos para a subida.
>
> Para os mais animados e em perfeita forma física, há três percursos que se pode fazer para ir do centro histórico ao Palácio Nacional da Pena a pé: o Percurso de Santa Maria, o Percurso da Lapa e o Percurso de Seteais. Essas caminhadas duram em torno de uma hora.

Se gostou do Palácio da Pena, vai apreciar, com certeza, a QUINTA DA REGALEIRA, também conhecida como *Palácio da Regaleira*.

A Quinta da Regaleira ocupa quatro hectares e está localizada perto do centro da vila de Sintra. O edifício, bem dentro do estilo romântico-eclético, mistura elementos arquitetônicos românicos, góticos, renascentistas e manuelinos e está rodeado por um enorme jardim, povoado por enigmáticos lagos, grutas e construções que ocultam significados alquímicos, de origem essencialmente maçônica.

Nem a vegetação da Quinta está disposta ao acaso. António Augusto de Aguiar Monteiro, que adquiriu a Regaleira em 1892, incluiu Primitivismo (veja a disposição do jardim, mais ordenado na base e mais selvagem no topo), Mitologia (veja o *Patamar dos Deuses*), Ocultismo (veja o *Poço Iniciático*: a rosa dos ventos sobre uma cruz templária era o emblema heráldico de Carvalho de Monteiro e é também um indicativo da Ordem Rosa-Cruz), referências à Ordem de Cristo. Para quem gosta de simbologia, esta é uma visita a não perder.

Os tours guiados são longos e algo exaustivos. Perde-se muito tempo com explicações excessivamente detalhadas, e os guias nem sempre têm o carisma necessário para o passeio. Use o ótimo mapa ilustrativo da Quinta que lhe será entregue na entrada.

Na Quinta da Regaleira funciona um agradável café/restaurante, irresistível nos dias de bom tempo.

Não deixe de visitar o PALÁCIO DOS SETEAIS, ali pertinho, construído no século XVIII em terra cedida pelo Marquês de Pombal ao então cônsul da Holanda (a quem o marquês havia cedido o monopólio da exportação de diamantes). Hoje o palácio é um hotel de luxo, onde você poderá entrar para apreciar a bela vista que se tem desde o arco do jardim, ou para tomar um café ou um drinque ao fim da tarde.

○ palácio ocupa o fundo do Campo de Seteais, nome que gerou várias lendas. A minha preferida é a seguinte: um dos primeiros cavaleiros cristãos a subir a serra foi D. Mendo de Paiva, que encontrou uma porta secreta pela qual fugiam os mouros. Entre os que fugiam avistou uma linda moça, acompanhada por sua velha aia. Ao ser flagrada em plena fuga, a jovem soltou um "Ai", e a aia ficou muito inquieta. Ao constatar que era prisioneira de D. Mendo, soltou um segundo "Ai", o que deixou a aia mais aflita ainda. A aia explicou, então, ao intrigado D. Mendo que a moça havia sido enfeitiçada, e que morreria se um dia emitisse sete ais. A bela moura soltou, então, o terceiro "Ai". D. Mendo não acreditou no que a aia lhe dizia, e a moça, ao vê-lo incrédulo, disse "Ai" pela quarta vez. O cavaleiro tomou as duas como prisioneiras e a moça voltou a suspirar. A aia desesperou-se com o quinto "Ai" de sua ama, mas D. Mendo, que não acreditava em feitiço algum, foi procurar onde deixar as prisioneiras. Nisso apareceu um grupo de mouros. Vendo as duas mulheres, cortaram logo a cabeça da aia de um golpe só. A moça, ao ver a aia sem cabeça, suspirou o sexto "Ai". E ao constatar que também iriam cortar a sua cabeça, soltou o sétimo "Ai". Quando D. Mendo voltou, ela já havia morrido. E assim o desconsolado cavaleiro batizou o campo em que encontrou a moura com o nome de Seteais.

Você terá percorrido, agora, as minhas paradas obrigatórias. Mas a lista do que há para ver em Sintra é longa.

O PALÁCIO e o PARQUE DE MONSERRATE, que você também poderá conhecer, são, junto com o Palácio da Pena, as expressões arquitetônicas mais importantes do romantismo português. Temperado por influências góticas, indianas e mouriscas, alternando motivos exóticos e vegetais, esse palácio conquistou prêmios por seu jardim, um dos mais completos jardins botânicos portugueses e um dos mais belos exemplos de paisagismo romântico em Portugal.

Se for com crianças, não deixe de visitar o CONVENTO DOS CÁPUCHOS, fundado em 1560 de acordo com os preceitos de despojamento pregados por São Francisco de Assis, e também conhecido como Convento de Cortiça. A gurizada adora as ruínas desse convento franciscano: tudo é pequenino, muito simples e envolto pela natureza circundante, que se manteve tal qual era na sua origem.

Vale a pena visitar, também, o CHALET DA CONDESSA DE EDLA, construído para a musa inspiradora e futura segunda mulher de D. Fernando II.

O rei consorte se apaixonou perdidamente pela cantora de ópera Elise Hensler quando a viu contracenar, no Teatro Nacional São João do Porto, numa ópera de Verdi. Ela tinha, então, 24 anos, e eles nunca mais se separaram.

Concebido por Elise Hensler e por D. Fernando II dentro do mesmo espírito romântico do Palácio da Pena, só que ao gosto dos chalés alpinos que estavam de moda na época, este chalé, rodeado por um idílico jardim, foi o refúgio do casal.

Reaberto ao público em 2011, depois de ter sofrido um incêndio, o Chalet da Condessa conquistou prêmios pelo trabalho de conservação e recuperação que lhe foi dedicado.

Na entrada há poneys e carroças para alugar.

> Se não tiver outra oportunidade de visitar o *Cabo da Roca*, aproveite que o *double decker* o leva até lá, passando antes por Colares.
> Se for de carro até Sintra, vá e volte por caminhos diferentes. Poderá, inclusive, voltar pelo Guincho...

⇌14⇋
Os Palácios da Ajuda e de Queluz

Palácio Nacional da Ajuda |
Jardim Botânico da Ajuda |
Palácio do Marquês Valle Flor e suas cavalariças |
Capela de Santo Amaro |
Palácio de Queluz |
Palácio Nacional de Mafra |

Este é um roteiro que pede um carro, ou um táxi, mas que também é factível usando os transportes públicos. A visita aos dois palácios é muito agradável, e proponho que você comece pelo Palácio Nacional da Ajuda simplesmente porque gosto muito mais do Palácio de Queluz!

O PALÁCIO DA AJUDA foi a terceira residência da família real em Lisboa. A primeira foi o Paço de Alcáçova, ou Castelo de São Jorge; a segunda o Paço da Ribeira e a terceira, a construção antissísmica em madeira, apelidada de *Barraca Real*, erguida na colina da Ajuda, a mando do Rei D. José I, depois do terremoto de 1755. O atual Palácio da Ajuda teve que substituir a *Barraca* depois de um grave incêndio em 1794.

Só um terço desse grandioso palácio, planejado para concorrer com os maiores palácios reais da Europa, acabou por ser construído, devido a problemas financeiros e políticos. As obras da Ajuda se arrastaram durante anos, não sendo em nada beneficiadas pela partida da família real para o Brasil, durante as invasões napoleônicas de 1807, nem pelas guerras entre liberais e absolutistas. A construção ficou incompleta, e só recentemente procedeu-se à recuperação da fachada poente. A inauguração da nova fachada está prevista para 2018, com a abertura de uma exposição permanente das joias da Coroa Portuguesa – uma das maiores coleções do gênero no mundo.

Vale visitar o palácio, repleto de móveis e objetos de todo o tipo (do século XV ao século XX) e decorado com extravagância. Se puder, faça a visita com um bom guia especializado. O Palácio da Ajuda está precisando de um pouco de trato, e a visita, se não for orientada, pode-se tornar melancólica.

O Ministério da Cultura está sediado no Palácio da Ajuda, que também cede espaço para o Protocolo da Presidência da República.

Visite o JARDIM BOTÂNICO DA AJUDA, uma pequena parte dos jardins originalmente pensados para o palácio, que deveriam descer da colina da Ajuda até o rio Tejo.

✓ O Palácio fecha às quartas-feiras.
✓ Dentro do Jardim Botânico funciona a Estufa Real, onde são servidos almoços durante a semana e *brunches* concorridos nos fins de semana.
✓ O Jardim Botânico da Ajuda oferece cursos interessantes de jardinagem para quem mora em Lisboa. Procure informações junto à Associação dos Amigos do Jardim Botânico da Ajuda.

Aproveite que está ao lado do PALÁCIO DO MARQUÊS VALLE FLOR para visitar um dos hotéis mais *in* de Lisboa: o Pestana Palace. Localizado no Alto de Santo Amaro, o hotel ocupa este elegante palácio, construído no fim do século XIX. Vitrais, tetos pintados, grandes salões.

O belo prédio do outro lado da rua era ocupado pelas CAVALARIÇAS DO PALÁCIO. Vale a pena dar uma espiada; o espaço é muito interessante e pode ser alugado para festas e eventos.

Você estará perto de uma das mais mimosas e surpreendentes capelas de Lisboa: a CAPELA SANTO AMARO, que lhe proporcionará uma linda vista sobre a ponte e o rio Tejo.

A entrada da capela é toda azulejada em tons de azul, amarelo, branco e verde. Um espetáculo!

Santo Amaro é o santo protetor dos membros do corpo. É por isso que os azulejos mostram braços e pernas. Repare, dentro da igreja, que é anterior a 1549, nos azulejos dos degraus que sobem para o altar.

Ao pé da capela fica o simpático Jardim de Avelar Brotero, reinaugurado em 2018 após uma reforma.

Rume, agora, para QUELUZ.

Se for de carro, chegará em menos de meia hora.

Se for de trem, poderá estar em Queluz em vinte minutos.

Os trens para Queluz são os mesmos que vão a Sintra, partindo da Estação do Rossio. Desça em Queluz-Belas: o PALÁCIO DE QUELUZ estará à sua espera!

Antes uma casa de campo e depois uma quinta de recreio, essa propriedade foi doada ao Infante D. Pedro (futuro D. Pedro II de Portugal). Tornou-se, então, uma das residências de verão da família real.

O palácio foi construído em 1747 pelo consorte de D. Maria I, o futuro D. Pedro III. Serviu como Paço Real de 1794 – após o incêndio do Palácio da Ajuda – até a partida da família real para o Brasil, em 1807.

Após um incêndio em 1934, quando já há muitas décadas havia deixado de ser o palácio preferido da realeza, foi completamente restaurado, e hoje é um dos palácios mais visitados de Portugal. Uma de suas alas é usada como quarto de hóspedes para os chefes de Estado que visitam o país.

Foi nesse palácio – e no mesmo quarto – que nasceu e morreu D. Pedro I do Brasil (D. Pedro IV de Portugal).

Compre o bilhete combinado para visitar o palácio e os jardins, que são magníficos.

Você não pode deixar de ver o *Canal de Azulejos*, usado pela família real para passear de gôndola.

Os jardins sediaram a Escola Portuguesa de Arte Equestre (que hoje funciona na Calçada da Ajuda, em Belém, mas ainda mantém alguns de seus cavalos no palácio).

Tanto o palácio como os jardins são uma bela amostra das usanças decorativas da Corte Portuguesa entre os séculos XVIII e XIX. Reinam os estilos barroco, rococó e neoclássico nas talhas douradas, nas paredes cobertas de espelhos, nos lustres, nas pinturas de paredes e tetos e na azulejaria. Gosto, particularmente, do Corredor dos Azulejos, com seus painéis que representam as Quatro Estações e os Quatro Continentes.

✓ No Palácio de Queluz há um café muito agradável que dá para o jardim.
✓ Funciona, dentro do palácio, o restaurante *Cozinha Velha*, instalado nas antigas cozinhas. O espaço é muito bonito.

Se, por acaso, você já tiver feito a visita a um desses dois palácios e nunca tiver ido a MAFRA, que tal conhecer o PALÁCIO NACIONAL DE MAFRA, fruto do cumprimento de uma promessa real?

Chega-se, indo de Lisboa, em 40 minutos.

O palácio-convento foi construído e decorado no século XVIII, a mando do Rei D. João V, graças aos recursos provenientes da exploração de ouro e diamantes no Brasil, que enriqueceram a Corte portuguesa e geraram uma época de muita prosperidade. O palácio aparece em toda a sua imponência assim que se entra na cidade, e é impossível ficar indiferente à sua grandiosidade.

O majestoso palácio, o convento e a basílica de Mafra são os mais importantes exemplos do barroco em Portugal. Suas dimensões e sua opulência serviram para reforçar a autoridade do rei.

Apesar de nunca ter sido residência oficial, o Palácio foi utilizado como pouso durante as caçadas dos monarcas portugueses na Tapada Nacional de Mafra, antes Real Tapada de Mafra. Há, no palácio, uma sala incrível, toda decorada com os troféus das incursões por esse parque de caça, criado em 1747 como espaço de recreio para o rei e sua Corte (tendo servido, também, como fonte para a extração da lenha utilizada no convento).

Foi aqui que D. Manuel II, último rei de Portugal, pernoitou antes de ir para o exílio, quando foi instaurada a República, em 1910.

A basílica, com clara influência das basílicas italianas, ocupa a parte central da Real Obra de Mafra. O convento é enorme e contém uma das minhas áreas preferidas: a enfermaria, que por si só vale a visita. A biblioteca do Palácio Nacional de Mafra é uma das mais importantes de Portugal; seu acervo de 36.000 volumes é preservado das traças pelos morcegos, que transitam em completa liberdade por entre os livros, fazendo as delícias da meninada!

Eram muitas as peculiaridades desse palácio: dois torreões, um para o Palácio do Rei e outro para o Palácio da Rainha, ligados por um enorme corredor usado para os passeios da Corte, no qual há janelas que dão para a basílica. Era das janelas desse corredor que os reis assistiam à missa. Tanto o Palácio do Rei como o da Rainha tinham a sua própria cozinha. Os príncipes e as princesas ocupavam palacetes separados, em alas diferentes. O palácio era ricamente decorado com tapetes, tapeçarias e móveis encomendados especialmente para embelezar os seus espaços. Muitos desses objetos decorativos foram levados pela Família Real para o Brasil em 1807 e nunca mais voltaram.

Você também pode passear pelo que foi, outrora, o jardim do convento: o JARDIM DO CERCO.

A cidade, em si, não tem muito mais o que ver. A vantagem de Mafra é a de que você poderá fugir do burburinho por vezes excessivo de Lisboa.

✓ Não deixe de provar os pastéis de feijão típicos de Mafra numa das confeitarias da praça, que fica de frente para a basílica.

Do alto do palácio vê-se o mar. A Costa da Ericeira está ao lado. Se você quiser, poderá ir até lá, para terminar o dia num dos restaurantes da Costa.

❖15❖
As praias

Troia e Comporta |
Costa da Caparica e Praia do Meco |

É um pecado ir a Lisboa no verão e ignorar a sua relação estreita com o mar...

Escolha a sua dentre um leque de possibilidades e passe um dia numa das praias da Costa, devidamente equipado para um momento prazeroso de muito sol, areia e água salgada.

As praias portuguesas são famosas por suas falésias e pela areia macia. A água do mar não costuma ser morninha – afinal de contas estamos falando de praias banhadas pelo Oceano Atlântico – mas é limpíssima.

Decida se quer rumar para uma praia isolada ou badalada, com mais ou menos ondas, com areia branca ou dourada, com dunas ou rochedos; se prefere uma praia com grandes areais ou uma outra escondida na serra, entre o verde.

Além disso, em que outro lugar você já viu passarem vendedores com pequenas gavetas repletas de doces d'ovos? Comer um croissant ou uma bola de berlim ao som das ondas não é coisa que se possa fazer todos os dias.

Você pode ir a Setúbal e pegar um ferry até TROIA. A travessia dura 20 minutos. É melhor evitar os fins de semana.

Rodeada pela Serra da Arrábida, Troia está composta por três praias: *Troia-Mar, Troia-Bico das Lulas* e *Troia Galé*. Há, no porto da cidade, vários barquinhos que poderão levar você para ver os golfinhos do estuário do Sado, ou para as praias de difícil acesso.

A poucos quilômetros de Troia fica a badalada COMPORTA, considerada hoje uma das praias mais *in* de Portugal e da Europa, e frequentada por todo o tipo de personalidades portuguesas e estrangeiras. Muita gente do *jet set* tem casa na Comporta.

Circundada pelos arrozais típicos da zona e sitiada por ninhos de cegonha, a Comporta é agradabilíssima. Há uma simpática vila, com bons restaurantes e butiques que lançam moda de verão, e você pode escolher entre alugar uma luxuosa espreguiçadeira na praia, ou levar a sua canga, caminhar um pouco mais e encontrar um canto só seu no areal branco.

Quando morei em Lisboa, frequentava a COSTA DA CAPARICA.

Atravessava o Tejo antes das 9 da manhã, para evitar o trânsito, e em 20 minutos chegava à Praia da Sereia, ou em alguma das outras praias próximas. As crianças adoravam e eu também!

Areias brancas, mar com muitas ondas, espaço de sobra e um ambiente familiar e ao mesmo tempo extremamente liberal: as mães de família, vinte anos atrás, já ficavam, tranquilamente, de *topless*.

A PRAIA DO MECO, primeira praia nudista de Portugal, fica ali ao lado. E é civilizadissima e extremamente democrática: quem está desnudo não implica com quem prefere cobrir o corpo com um *fato de banho*.

Há várias outras praias nas proximidades de Lisboa...

As da Linha, que já mencionei; a praia de CARCAVELOS, frequentada por surfistas iniciantes; a praia do GUINCHO, que já apareceu num dos filmes de 007; a Praia do Abano...

A PRAIA GRANDE, se quiser combinar uma ida à praia com pegadas de dinossauros.

O PORTINHO DA ARRÁBIDA, com suas águas tranquilas (e frias) e muito para se fazer – canoagem, mergulho...

A PRAIA DA ADRAGA, à qual só se chega de automóvel.

A PRAIA DA URSA, de difícil acesso, tida como uma das mais bonitas do mundo, e também como a praia mais ocidental da Europa (fica ao lado do Cabo da Roca).

As AZENHAS DO MAR.

Em Portugal, o mar se faz presente de ponta a ponta. Não é à toa que esse foi um país de navegadores.

Outros Passeios de um Dia

❖16❖
Óbidos e Caldas da Rainha

Se dispuser de alguns dias para passear por Portugal, não deixe de ir a ÓBIDOS.

Ainda que essa bela cidade amuralhada se tenha tornado um pouco turística demais, vale caminhar por suas ruas e, se você não sofrer de vertigem, por suas MURALHAS. É um passeio imperdível: Óbidos é uma das cidades medievais mais bem conservadas de Portugal.

Óbidos, cujo nome significa cidadela ou cidade fortificada, foi tomada dos árabes pelo Rei D. Afonso Henriques, em 1148. O CASTELO, de origem romana, hoje uma das Pousadas de Portugal, foi um dos cinco castelos a formar o pentágono defensivo do centro do Reino. É interessante observar que a muralha tinha, em 1527, as mesmas dimensões de hoje.

Quando D. Dinis I se casou com D. Isabel de Aragão em 1282, ofereceu-lhe Óbidos como presente de casamento. Foi assim que Óbidos passou a pertencer à Casa das Rainhas, tendo abrigado rainhas de várias dinastias e usufruído das benfeitorias propostas por cada uma delas.

A muralha, as várias igrejas, as casinhas pintadas de branco, os pórticos manuelinos, o castelo, o aqueduto, tudo é extremamente pitoresco e bem preservado. Não perca a Porta da Vila, ou porta principal, toda recoberta por azulejos do século XVIII.

Visite a IGREJA DE SANTA MARIA e o MUSEU MUNICIPAL DE ÓBIDOS para ver as pinturas da famosa Josefa de Óbidos, uma artista excepcional, que exerceu o ofício com muita irreverência para o seu tempo. Ela viveu no século XVII.

> Óbidos recria, todos os anos, um Mercado Medieval, com direito a jograis, cuspidores de fogo, bobos e dançarinos. Também é palco de festivais de música e, no mês de dezembro da Vila Natal. Além disso, é uma *vila literária:* abriga sete livrarias em lugares muito originais, como o MERCADO BIOLÓGICO, um mercado de frutas e vegetais que vende livros usados, dispostos em caixas e em engradados, a LIVRARIA ADEGA (Espaço Ó), que além de livros oferece vinhos e petiscos, e a LIVRARIA DE SANTIAGO, que ocupa uma igreja desconsagrada do século XII, a Igreja de São Tiago. Entre nessa última livraria para ver o altar e as paredes recobertas por estantes com livros. É a minha preferida!

- ✓ Prove a ginja d'Óbidos. Peça a sua ginja com elas (a fruta curtida no fundo do copo).
- ✓ Come-se uma boa comida caseira no *Alcaide*. Gostei do queijo de cabra gratinado com mel e azeite e do Requinte de Bacalhau – com queijo, castanhas e purê de maçãs. Rua Direita, 60.
- ✓ Outra opção é o Restaurante *O Caldeirão*, por detrás do Santuário S. Jesus na Pedra.
- ✓ O *Comendador Silva*, que fica no hotel Casa das Rainhas, também é bom.

CALDAS DA RAINHA fica a menos de 20 minutos de distância de Óbidos.

A cidade acolhe o hospital mais antigo em funcionamento do mundo, o Hospital Termal Rainha D. Leonor, ao qual está integrada a bela IGREJA NOSSA SENHORA DO PÓPULO.

Originalmente uma capela (elevada a igreja em 1510), foi fundada pela Rainha D. Leonor em 1495, para dar apoio espiritual aos doentes. Concebida por Mestre Mateus Fernandes, um dos arquitetos do Mosteiro da Batalha, tem estilo pré-manuelino e está ligada ao hospital através de um corredor abobadado.

> Dizem que, em 1484, a Rainha D. Leonor, mulher do Rei D. João II, teria passado por um local, vinda de Óbidos e a caminho de Alcobaça, onde muita gente se banhava em águas que tinham um cheiro forte. O banho não era nada comum naqueles tempos, e a rainha, curiosa, quis saber a razão de tanta gente estar fazendo uso de águas tão fedorentas. Disseram-lhe que aquelas águas sulfurosas curavam doenças, e a rainha resolveu banhar-se e comprovar se o que lhe contavam era verdade, já que sofria de um mal de saúde. Curou-se e mandou erguer o hospital termal que leva o seu nome, criando também um povoado para dar apoio ao hospital. Foi, entretanto, durante o reinado de D. Afonso VI, no século XVII, que Caldas da Rainha começou a desenvolver-se. D. Afonso VI mandou reconstruir e ampliar o hospital.

A cidade viveu o seu apogeu no século XIX, quando as estâncias termais estavam no auge da moda. Por ser uma região argilosa, também se tornou sede de várias fábricas de cerâmica e um dos maiores centros produtores de cerâmica de Portugal.

Não deixe de visitar a FÁBRICA DE FAIANÇAS DAS CALDAS DA RAINHA, onde se originaram as fabulosas peças de Rafael Bordalo Pinheiro.

No final do século XIX, o arquiteto Rodrigo Berquó mandou construir os PAVILHÕES DO PARQUE, com a finalidade de transformar a cidade numa grande estância termal europeia. Os pavilhões, erguidos em frente ao lago do Parque D. Carlos I, são lindíssimos, mas estão, há muito, abandonados. Há planos para transformá-los em hotel de luxo. Nunca chegaram a servir como pouso para os pacientes das águas termais. Foram usados como quartel, como escola e como sede de associações.

Também no Parque D. Carlos I encontra-se o MUSEU JOSÉ MALHOA, o primeiro edifício a ser erguido em Portugal para abrigar um museu. Contém a maior mostra do trabalho do célebre pintor português, nascido em Caldas da Rainha, e uma bela coleção de artes plásticas dos séculos XIX e XX. Vale a pena, especialmente se você tiver visitado, em Lisboa, a Casa-Museu Dr. Anastácio Gonçalves, construída por Malhoa para que funcionasse como sua casa e seu ateliê.

✓ Experimente as famosas trouxas d'ovos no Largo do Balneário D. Leonor, na *Pastelaria Baía*. E, já agora, as cavacas finas e os beijinhos. *A Baía* também serve ótimas torradas de pão saloio.

Ainda que se possa questionar o bom gosto de um empreendimento como o BACALHÔA BUDDHA EDEN, ou jardim dos budas, é impossível traçar este roteiro sem mencionar o tributo ao Oriente de José Berardo (o mesmo da Coleção Berardo hospedada no Centro Cultural de Belém).

Este parque de 35 hectares, situado em BOMBARRAL, na Quinta dos Loridos, não deixará ninguém indiferente.

Budas e mais budas, esculturas contemporâneas a céu aberto, um lago com carpas e pavilhão chinês, um trenzinho para percorrer todo o espaço e, na saída, a possibilidade de comprar os vinhos produzidos pelo colecionador: Joe Berardo é dono da Bacalhôa Vinhos de Portugal S.A.

Bombarral fica a 20 minutos de Caldas da Rainha e a 15 minutos de Óbidos.

O passeio ao Jardim do Eden, como é também chamado, é perfeito para a meninada, que pode andar no trenzinho e escalar os budas gigantes.

17
Alcobaça, Batalha e Fátima

Este é um passeio como poucos.
Dois Mosteiros absolutamente fabulosos e a visita a um dos mais importantes centros de devoção religiosa do mundo.

A cidade de ALCOBAÇA fica a uma hora e meia de Lisboa. É conveniente ir de carro. Assim você aproveitará melhor o dia, podendo transitar com facilidade e rapidez entre as três cidades.

Além de sediar o espetacular Mosteiro de Santa Maria de Alcobaça (ou Real Abadia de Santa Maria de Alcobaça), mais conhecido como Mosteiro de Alcobaça, temos aqui um centro de fábricas de louça. Os monges cistercienses que chegaram ao mosteiro em 1153 já trabalhavam o barro encontrado nas grandes jazidas da região.

Também são atrações que distinguem a cidade as suas deliciosas maçãs, a ginja, os doces conventuais e a chita de algodão multicolorida, trazida pelos portugueses da Índia no século XV – que continua a ser produzida por hábeis manufaturas locais.

Os doces d'ovos portugueses são chamados de doces conventuais justamente porque foram criados, em sua maioria, nos conventos. Fazem uso de muito açúcar e de gemas, porque as claras eram usadas para fazer hóstias e para engomar os hábitos de freiras e frades.

✓ Deguste alguns dos melhores doces conventuais da região na pastelaria *Alcôa* (fundada em 1957), que fica bem em frente ao Mosteiro.

✓ Bem pertinho, na mesma calçada, encontrará a *Made in Alcobaça*, uma loja adorável de produtos feitos com chita.

✓ Visite a fábrica de louças SPAL, logo na entrada da cidade.

O MOSTEIRO DE ALCOBAÇA, uma das Sete Maravilhas de Portugal e Patrimônio da UNESCO, foi a primeira manifestação do gótico no país. É a maior igreja portuguesa e uma das maiores abadias cistercienses do mundo (faz parte da Carta Europeia das Abadias e Sítios Cistercienses do Itinerário Cultural do Conselho da Europa).

Os monges cistercienses honravam as regras beneditinas de modéstia, humildade, isolamento do mundo e serviço a Deus. Suas igrejas tinham estrutura e decoração simples, sem fazer uso de ostentação. A igreja do mosteiro ilustra *divinamente* essas ideias: sua dimensão imponente e sua extrema simplicidade elevam. Quer você queira, quer não, seu olhar subirá até o topo dos grandes arcos, já que tudo está planejado para dirigir sua vista ao céu.

O mosteiro foi restaurado em 1930. Decidiu-se recuperar o espírito da época medieval, eliminando anexos construídos posteriormente. A fachada sofreu alterações no século XVIII. Os campanários – que por norma não faziam parte da arquitetura cisterciense – foram incluídos no período barroco. Da fachada original, destruída em 1531, só ficaram o portal gótico e a rosácea. Não deixe de visitar os magníficos claustros. Passará pela incrível cozinha dos monges, que inclui o córrego onde eles pescavam, e pelo refeitório. Vale a pena comprar o bilhete integrado que lhe dará, também, direito a visitar o Mosteiro da Batalha.

É na igreja do Mosteiro de Alcobaça que se encontram os primeiros túmulos reais, dos reis D. Afonso II (1185-1223) e D. Afonso III (1210-1279). Não são, entretanto, os túmulos mais famosos, nem os mais visitados. Foi essa a igreja escolhida por D. Pedro I (1320-1367) para recolher, em dois túmulos estupendos, os seus restos e os de sua amada, D. Inês de Castro, com quem viveu uma trágica história de amor, eternizada em *Os Lusíadas* por Luís de Camões.

Quando D. Constança Manuel, uma princesa de Castela, veio ter com seu futuro marido, D. Pedro I, em Portugal, trouxe entre suas aias a bela Inês de Castro. D. Pedro I perdeu-se de amores por D. Inês e, mesmo tendo casado com D. Constança, viveu com a aia de sua mulher um grande romance, que não escapou aos falatórios da Corte. Seus pais, furiosos, trancaram D. Inês num convento. A comunicação entre os amantes continuou até D. Inês sair do exílio e, tempos depois, se instalar na Quinta das Lágrimas, onde teve, com D. Pedro I, quatro filhos. D. Constança faleceu após dar a luz a D. Fernando I, e D. Pedro I ficou livre para desposar sua amada. Porém, entre calúnias da Corte e acusações à família de Inês, que procurava influenciar a política do reino, D. Afonso IV, pai de D. Pedro I – que era contra a união dos dois – sentenciou D. Inês à morte por alta traição à Coroa. Quando se tornou rei, após um período de extrema revolta e de combate contra o pai, D. Pedro I não só vingou a morte de sua amada como decretou que, apesar

> de morta, D. Inês seria coroada e honrada como Rainha de Portugal: sentou o cadáver de Inês de Castro no trono e coroou-a como rainha, obrigando todos os nobres presentes a prestar-lhe homenagem, beijando-lhe a mão. Anos mais tarde mandou construir os dois túmulos, um de frente para o outro, para que, quando chegasse o dia do Juízo Final, ele e sua eleita pudessem se olhar nos olhos...

○ MOSTEIRO DA BATALHA fica a 20 km do de Alcobaça.

O rei D. João I de Portugal mandou construir este mosteiro, chamado de Mosteiro de Santa Maria da Vitória, em 1386, na vila da Batalha. Foi um agradecimento à Virgem Maria pela vitória na Batalha de Aljubarrota, em que os portugueses venceram os castelhanos, tornando-se Portugal reino independente. D. João I, que antes da batalha era Mestre de Aviz, foi consolidado como rei de Portugal.

Esse mosteiro, doado por D. João I à Ordem de São Domingos, foi um dos primeiros exemplos do exuberante estilo manuelino, e é, tal como o de Alcobaça, patrimônio da UNESCO e uma das Sete Maravilhas de Portugal.

Ainda que os primeiros monges dominicanos se tenham instalado em 1388, demorou dois séculos e sete reinados a ser construído, e contém elementos góticos e renascentistas. A obra só foi terminada em 1517.

O Mosteiro tem o estatuto de Panteão Nacional. Majestoso, é um conjunto monástico espetacular, com sua igreja, claustros, panteões reais e capelas. Não deixe de ver as extraordinárias Capelas Imperfeitas – o panteão inacabado do Rei D. Duarte, iniciado em cerca de 1434, alterado no reinado de D. Manuel, que quis que lhe fossem conferidas características mais monumentais, e novamente modificado no reinado de D. João III. Os túmulos do Rei D. Duarte e de D. Leonor só foram depositados em sua devida capela no século XX. Os vitrais medievais portugueses da Capela-Mor e da Sala do Capítulo também são dignos de nota.

Em menos de meia hora você poderá chegar a FÁTIMA, para visitar um dos mais importantes locais de peregrinação do mundo, o SANTUÁRIO DE NOSSA SENHORA DE FÁTIMA.

Curiosamente, o nome da cidade deriva do nome de uma das filhas de Maomé. Fátima, como é também conhecido o Santuário, é um lugar de Fé. Não é preciso ser devoto para se emocionar em sua grande praça central, onde foram erguidas as duas igrejas que prestam homenagem às aparições feitas por Nossa Senhora, nesse local, em 1917.

A Virgem de Fátima surgiu na Cova da Iria, onde hoje se situa a Capela das Aparições, diante de três pastorinhos. Identificou-se como a *Senhora do Rosário* e pediu às três crianças que orassem e que aprendessem a ler. Voltou a visitá-los por seis meses seguidos. Suas aparições deram à cidade reconhecimento internacional e transformaram Nossa Senhora de Fátima na Virgem mais venerada de Portugal.

Esse é um dos maiores destinos do chamado *turismo religioso:* aqui chegam, todos os anos, 6 milhões de peregrinos, visitantes e curiosos.

A *Hora do Angelus*, ou hora do *Toque das Ave-Marias*, que corresponde às 6:00, 12:00 ou 18:00, é emocionante. Os sinos repicam anunciando esse momento especial de oração, em que se agradece pelas graças recebidas, se pede perdão e se recomenda a alma à Santíssima Trindade, por meio da Virgem Maria.

> Se tiver ido a Fátima para pedir uma bênção especial para alguém, ou quiser benzer medalhas ou terços comprados nas lojas da vila, dirija-se às costas da Capela das Aparições e espere pela chegada de um dos sacerdotes que vêm rezar missas ou orar com os visitantes e peregrinos.

- ✓ Na entrada de Fátima fica o famoso restaurante *Tia Alice*, onde você poderá comer um maravilhoso bacalhau com natas. Há gente que vai a Fátima só para ir ao *Tia Alice*...
- ✓ Outro bom lugar para almoçar ou jantar é o restaurante *O Casarão*, que fica na Estrada da Maceira, entre Fátima e Batalha. O bacalhau com broa é sensacional.

18
Um passeio pelo Alentejo

Évora |
Beja |

O Alentejo, com suas paisagens maravilhosas e uma costa de 170 km de praias consideradas dentre as mais belas da Europa, é uma das melhores surpresas de Portugal. Além de ser a maior região do país, oferece um sem-número de cidades históricas, muitas das quais se pode visitar em um dia. Gosto de várias delas – Marvão, Elvas, Vila Viçosa, Monsaraz, Arraiolos – mas escolhi duas.

Évora por ser incontornável. É, de longe, a cidade mais lembrada quando se fala em visitar o Alentejo.

Beja porque é um amor recente, que conheci pela mão de amigos portugueses.

Escolha a que quer visitar ou, se puder, visite as duas!

O Alentejo é famoso por suas vinícolas, muitas das quais você poderá conhecer.

Situado no centro-sul de Portugal, é formado pelos Distritos de Portalegre, Évora e Beja, tendo Évora, a *cidade-museu*, como capital.

As enormes planícies, o ritmo tranquilo – que gera tantas piadas entre os portugueses – as vilas, as antigas cidades, os castelos, as muralhas, as estradas quase desertas, as casinhas salpicadas no campo, tudo é encantador.

O Alentejo permite compreender como se produz o vinho, a cortiça e o azeite em Portugal. Você poderá ver os sobreiros descascados e numerados (Portugal é o maior produtor de cortiça do mundo, e é importante saber em que ano foi tirada a cortiça de cada árvore), imensos campos de oliveiras e muitos dos vinhedos responsáveis por alguns dos melhores vinhos do país.

Esse é um passeio para se fazer de carro. Vale muito a pena conhecer as estradas alentejanas, que ilustram tão bem uma parte importante da produção do país. Mesmo porque, sendo assim, você terá a liberdade de parar pelo caminho onde lhe aprouver.

ÉVORA fica a uma hora e meia de Lisboa. A *cidade-museu* é a maior do Alentejo.

Amuralhada e habitada há mais de 2.000 anos, guarda monumentos de épocas diferentes, já que pertenceu a romanos, visigodos, mouros...

O centro histórico foi considerado Patrimônio Mundial pela Unesco em 1986.

Estacione o carro perto da muralha e decida o que quer conhecer nessa cidade onde as placas com os nomes das ruas e becos e o aqueduto renascentista da Água de Prata – com suas casas construídas entre os arcos – já fazem valer a visita.

Não deixe de conhecer a IGREJA DA MISERICÓRDIA, que tem sua única nave recoberta por talhas douradas e azulejos azuis e brancos. Observe, entre as talhas de madeira, as figuras femininas que carregam capitéis. Escondida entre as árvores do Largo da Misericórdia, essa igreja, fundada em 1554 e decorada nos séculos XVII e XVIII, é das mais bonitas de Évora.

Passeie pela PRAÇA DO GIRALDO, famosa pela sucessão de arcos e pelo chafariz do século XVI, uma das marcas registradas da cidade. Ao fundo da praça encontra-se a Igreja de Santo Antão.

A CATEDRAL DE ÉVORA, concluída em 1250, é a maior catedral medieval de Portugal e abriga uma rara imagem de Nossa Senhora grávida. É esplendorosa, mas não se pode entrar nela sem pagar ingresso. Logo na entrada há um preçário, com valores agregados para cada coisa a mais que se quiser ver – o que causa um pouco de perplexidade. Não é comum cobrar entradas para visitar igrejas em Portugal. Isso costuma ser feito somente para acesso a claustros ou aos museus de arte sacra. Os claustros da Sé de Évora, aliás, são lindos.

Na IGREJA DE SÃO FRANCISCO fica a famosa CAPELA DOS OSSOS, uma das principais atrações da cidade. A igreja foi construída entre 1480 e 1510, e a macabra Capela dos Ossos entre os séculos XVI e XVII. A concepção dos monges que a ergueram foi a de ilustrar a mensagem de que a vida é transitória. Basta ver o aviso à entrada: "Nós ossos que aqui estamos pelos vossos esperamos". Ossos e caveiras de mais de 5.000 pessoas recobrem o piso e as paredes da capela.

Do lado do magnífico TEMPLO DE DIANA, o templo romano mais bem conservado da Península Ibérica, fica a IGREJA DOS LOIOS, ou Igreja de São João Evangelista. A igreja pertenceu ao Convento dos Loios – que é hoje uma das Pousadas de Portugal – construído no século XV sobre as ruínas de um castelo medieval.

Essa é outra das igrejas que cobram ingresso. Seu interior harmonioso está recoberto por painéis de azulejos assinados pelo Mestre António de Oliveira Bernardes e datados de 1711; são dos mais bonitos que já vi. Se você nunca tiver entrado na Igreja dos Loios, faça das tripas coração e pague o ingresso: não irá se arrepender!

- ✓ O restaurante mais tradicional de Évora é o *Fialho*, uma instituição gastronômica desde 1945. Travessa das Mascarenhas, 16.
- ✓ A *Enoteca Cartuxa* é outra boa pedida. Fica na Fundação Eugénio de Almeida, bem no centro da cidade.
- ✓ Outra boa opção é o restaurante *Luar de Janeiro*, na Travessa do Janeiro,13.

Há muito mais para ver em Évora e nas suas redondezas. Essas são apenas algumas sugestões. Pode-se chegar de trem, saindo da Estação do Oriente, mas vale a pena, se for possível, alugar um carro.

BEJA fica um pouco mais longe de Lisboa, a duas horas de distância. Mas o passeio pelas estradas alentejanas é tão bonito que nem se sente o tempo passar.

Visitar Beja é uma proposta diferente: você estará indo conhecer uma cidade antiga que ainda não entrou no circuito do turismo de massa. Trata-se de um segredo bem guardado. E que segredo!

A cidade é dominada pela torre de 40 metros de seu CASTELO. A Torre foi toda construída em mármore e é o cartão de visita de Beja. A vista do alto da TORRE DE MENAGEM é um espetáculo, mas é preciso subir 180 degraus...

Ao chegar ao centro histórico, você com certeza passará pelo BAIRRO DA MOURARIA. Recomendo que comece a visita pelo castelo, pois no final do dia será muito mais difícil enfrentar a subida da torre.

Visto o castelo, poderá visitar, ali ao lado, a CAPELA NOSSA SENHORA DE PIEDADE, vizinha do ANTIGO HOSPITAL DE NOSSA SENHORA DA PIEDADE. A capela está por ser restaurada, e bem que o merece, pois é uma graça. O Hospital foi mandado construir por D. Manuel I em 1490, quando era Duque de Beja.

Estará, também, a poucos passos da CATEDRAL, ou Sé de Beja, que data de 1590.

De estilo maneirista, a Sé tem um interior ricamente decorado. Também é conhecida como Igreja de Santiago. Não perca a capela dedicada a Nossa Senhora da Conceição: os painéis de azulejos em azul e branco do século XVIII são muito bonitos. Beja prima pela sua ARTE AZULEJAR, mostrando azulejos que vão do século XV ao XX em vários de seus monumentos.

Visite a Igreja de Santo Amaro, que abriga o NÚCLEO VISIGÓTICO DO MUSEU REGIONAL, o mais representativo desse período em Portugal.

Caminhe, agora, até a PRAÇA DA REPÚBLICA, a mais central da cidade. Rodeada por edifícios manuelinos, a praça possui um pelourinho do século XVI.

Admire a peculiar fachada da IGREJA DA MISERICÓRDIA, construída para dar abrigo aos açougues municipais, e, se gostar de escultura contemporânea, siga pela Rua do Touro para visitar o MUSEU JORGE VIEIRA.

> Uma lenda explica a presença de um touro no brasão da cidade. Quando Beja não era mais que um conjunto de cabanas rodeadas de mato, uma cobra muito venenosa e assassina teimava em ameaçar os habitantes, que tiveram a ideia de retribuir com a mesma moeda: envenenaram um touro e o deixaram no lugar onde morava a cobra, que, ao dele se alimentar, também morreu envenenada.

O NÚCLEO MUSEOLÓGICO DA RUA DO SEMBRANO é imperdível.

Caminhar de sapatinhos de pano sobre um chão transparente, vendo escavações arqueológicas literalmente aos seus pés, não é coisa que se possa fazer todos os dias.

Aqui você terá a possibilidade de admirar, por entre o vidro e a estrutura em forma de grade do piso, um pedaço de muralha da Idade do Ferro e os restos de pequenas termas romanas.

Logo na entrada, à sua esquerda, há um enorme painel de azulejos assinado pelo artista plástico Rogério Ribeiro. Trata-se de uma das muitas obras de *street art* que enfeitam Beja.

Não deixe de visitar o MUSEU REGIONAL DE BEJA, OU MUSEU RAINHA DONA LEONOR. É simplesmente fascinante. Ao vê-lo de fora não se pode imaginar tudo o que contém: afrescos, azulejos de várias épocas e procedências, peças arqueológicas. Ao entrar, dá-se logo com um busto romano e com a igreja, que é de uma riqueza impressionante.

Esse é o museu mais antigo de Portugal. Ocupa o Convento da Conceição e foi fundado no século XV pelo Infante D. Fernando, irmão de Afonso V de Portugal e primeiro Duque de Beja, e por sua mulher, a Infanta D. Beatriz.

Foi aqui que viveu Mariana Alcoforado (1340-1723), uma freira que se apaixonou por um cavaleiro francês e que, supostamente, escreveu as célebres "Cartas Portuguesas".

A azulejaria do Convento/Museu é das mais estonteantes que conheço. Esse foi um dos primeiros edifícios de Portugal a serem concebidos dentro do estilo manuelino-mudéjar. Foram importados, para decorar o convento, azulejos espanhóis provenientes de Manizes e de Sevilha. Veja a Sala do Capítulo.

Visite, também, a IGREJA DOS PRAZERES, construída em 1672, para admirar o seu interior totalmente barroco, completamente recoberto por afrescos, grandes pinturas, azulejos e talhas douradas; e, se gostar de *street art*, passeie pelo Jardim da Bela Vista.

✓ Para almoçar ou fazer uma pausa, sugiro a *Pousada do Convento de São Francisco*. O restaurante ocupa o espaço que servia de refeitório para os frades. O convento/pousada fica perto de uma das saídas das muralhas de Beja.

✓ A *Casa de Chá Maltesinhas* serve doces conventuais alentejanos: pão de rala, bolo príncipe, queijo conventual, maltesinhas e pastéis de toucinho do Convento da Esperança. Beja tem muito orgulho de seus doces conventuais, criados pelas freiras de seus conventos. A casa de chá fica no Terreiro dos Valentes.

Beja foi, talvez, a melhor surpresa das minhas últimas visitas a Portugal.

Não só pelo entusiasmo dos moradores que me ciceronearam, mas porque me fez lembrar de outros tempos, em que era possível visitar belos monumentos e caminhar prazerosamente pelas cidades e vilas de Portugal sem competir com grupos enormes nem ter que me esquivar de *selfies*…

Teria gostado de incluir muito mais nesse guia, mas a ideia é deixá-lo leve, para que você possa levá-lo no seu bolso ou na sua bolsa, ou para que possa descarregar a sua versão virtual com facilidade.

Sei que muitos sentirão falta de alguns de seus restaurantes preferidos. Parte da graça de qualquer viagem está em fazer novas descobertas, e em Portugal há muito a descobrir. Surgem novidades todos os anos e, como disse antes, fica difícil, especialmente em se tratando de Lisboa, mencionar tudo o que a capital oferece.

Vá a Lisboa, me leve com você e depois me conte (vaalisboa@gmail.com) o que achou destes roteiros e dos lugares que indiquei...

Obrigadinha!

Ao meu pai, por ter escolhido Lisboa como seu primeiro Posto e por revisar essas páginas.

A Raquel Gouveia e a Izabel Fontoura, as primeiras a cobrar um Guia de Lisboa e a colocar uma pulga atrás da minha orelha.

Ao João André, por ser um querido e me dizer que o canto de sereia da Raquel e da Izabel fazia sentido. Sem o aval dele, esse guia com certeza não teria passado de uma ideia.

A Luisa Machado, que me acompanha fiel, incansável e bem humorada, há 22 anos, nas minhas peregrinações por Lisboa. E que ainda serviu, inúmeras vezes, como minha motorista oficial.

A Bia Tebaldi, que, além de me fazer entrar em todos os elevadores lisboetas, compartilhou comigo as suas maravilhosas descobertas e me ajudou a traçar muitos desses percursos.

A minha cunhada Ana Maria e ao meu irmão Pedro Miguel, que me hospedaram em seu charmoso e confortável apartamento em Monte Estoril, onde descobri o prazer de morar na Linha.

A Fátima e ao Simeão Pinto de Mesquita, que percorreram comigo várias calçadas portuguesas em busca de cantos e recantos.

A Maria Cecilia e ao Paulo Pereira, que sempre me acolheram em Lisboa com todo o carinho do mundo. Devo a ambos a sugestão de ficar hospedada, durante a minha última visita de reconhecimento à cidade, no Hotel Dom Carlos Park. Fica a dica para quem quiser um ótimo hotel, ao pé do Marquês de Pombal, personagem que permeia este guia.

Aos gentis e prestativos funcionários do Hotel Dom Carlos Park, que me fizeram sentir como se estivesse em casa.

A Gorete Coelho, que investiu em algumas de minhas andanças por Lisboa e pelos arredores, confiando nos roteiros que resultariam da sua disposição ensolarada.

A Alice Machado, que aceitou o desafio de colaborar com um capítulo sobre a noite lisboeta, um lado da cidade que ela, do alto de suas duas décadas de vida, conhece muito melhor do que eu.

A minhas quatro admiráveis fotógrafas – Ana Maria, Dorinha, Alice e Luisa – que me cederam carinhosamente os seus ângulos lisboetas.

A Patricia Nogueira, amiga "lisboeta" de fé, que amorosamente cedeu as belas fotos que enfeitam a capa.

A todos os amigos portugueses e brasileiros que me deram apoio, sugestões e ideias, a todos os que me acompanharam pelas minhas caminhadas e a todos os que me apresentaram bares, cafés e restaurantes para que eu pudesse recomendá-los com total conhecimento de causa.

A todos aqueles que me fizeram amar Lisboa de todo o coração e sentir que podia me apropriar dela para escrever esse guia...

Este livro foi impresso pela Edigráfica.